SOMMERBLUMEN

blv garten plus

Herta Simon

SOMMERBLUMEN

Die schönsten Ein- und Zweijährigen
Gestalten • Kombinieren • Pflegen

blv

Inhalt

Einführung

Was für ein Glück, dass es Frühlings- und Sommerblumen gibt! Sie sind ein Geschenk auf Zeit – von der Natur ausersehen, jahreszeitliche farbige Akzente am Haus und im Garten zu setzen.

Gelbe und weiße Tulpen, kombiniert mit gelben Hornveilchen, verleihen dem Frühlingsgarten einen eleganten Charakter.

Voller Überraschungen ist das Sortiment der einjährig kultivierten Blumen. Sie bieten uns die Möglichkeit, mit einem Teil der Vegetation spielerisch und kreativ umzugehen und Jahr für Jahr aufs Neue etwas veränderte Gartenbilder zu zaubern. Es ist noch nicht einmal nötig, für all die Pracht viel Geld auszugeben, denn mit ein paar Samentütchen lässt sich in der Regel schon eine Menge machen.
Die Bandbreite der Sommerblumen ist außerordentlich groß. Viele eignen sich zur reinen Schmuckpflanzung auf eigenständigen Beeten oder für Gefäße, andere sind ideale Partner für Stauden und Gehölze.
Der Begriff Frühlings- und Sommerblumen bezieht sich eigentlich auf den Verwendungszeitpunkt dieser Pflanzen, nicht aber auf eine gemeinsame Lebensform oder Verwandtschaft. Es handelt sich um eine ganz heterogene Pflanzengruppe. Im gärtnerischen Sinne und Sprachgebrauch werden sie als Gruppenpflanzen bezeichnet; Fachleute sprechen bei der Verwendung auch von **Wechselpflanzungen.** Der jahreszeitliche Kulissenwechsel findet im Frühjahr nach den Eisheiligen statt sowie am Ende der Saison im Oktober, wenn Blumenzwiebeln und ein Teil der Frühlingsblüher gesetzt werden. Nach der Hauptblüte werden manche Sommerblumenflächen schon zu Herbstbeginn geräumt und ein drittes Mal beispielsweise mit Chrysanthemen und Heidekräutern bepflanzt.

◀ Ringelblume und Rittersporn sind Einjährige, die sich zur Direktaussaat eignen – besonders hübsch in naturnahen Gärten.

Was sind Frühlings- und Sommerblumen?

In erster Linie handelt es sich um echte einjährige Pflanzen – sie werden auch als **Annuelle** bezeichnet. Einjährig kultivierte Pflanzen, die in milderem Klima mehrjährig sind, bilden eine zweite und die Zweijährigen (**Bienne** oder **Winterannuelle**) eine dritte Gruppe innerhalb der Sommerblumengesellschaft.

Einjährige Pflanzen

Dies sind krautige (also nicht verholzende) Blütenpflanzen, deren Lebenszyklus innerhalb einer Vegetationsperiode abläuft. Er beginnt im Frühjahr mit der Keimung, dann folgen Wachstumsphase, Blüte, Fruchtreife, und im Herbst, wenn sich die Samen gebildet haben, stirbt die ganze Pflanze ab. Viele heimische und mediterrane Wildkräuter zählen hierzu wie Klatschmohn und Kornblume, aber auch Fremdlinge wie der Kalifornische Goldmohn oder die Kosmeen aus Mexiko.

Schlafmützchen, an einem vollsonnigen, warmen Platz ausgesät, bilden bald einen üppigen Blütenteppich.

Einjährig kultivierte Pflanzen

Sie wachsen an ihrem Heimatstandort als Stauden, Halbsträucher oder Gehölze. In unseren Breiten fallen sie jedoch den Frösten zum Opfer und werden deshalb nur einjährig oder als Kübelpflanzen kultiviert. Entweder zieht man sie aus Samen jährlich an oder gewinnt neue Pflanzen aus Stecklingen. Diese Gewächse lassen sich im Gegensatz zu den echten Einjährigen auch überwintern.
Zu dieser Gruppe gehören die beliebten Geranien (Pelargonien), Wandelröschen, Heliotrop, Margeriten und Fuchsien, aber auch der Goldtaler und die Buntnessel. Aus solchen Sommerblumen lassen sich bei entsprechenden Platzverhältnissen (Glashaus, Wintergarten oder kühle, möglichst helle Räume) im Laufe der Jahre attraktive Büsche oder Hochstämmchen erziehen. Den Sommer über bilden sie dann, als Kübelpflanzen in die Schmuckbeete integriert oder am Eingang und auf der Terrasse, einen hübschen Blickfang.

Zweijährige oder Winterannuelle

Ihr Lebenszyklus erstreckt sich über zwei Vegetationsperioden. Es handelt sich dabei um Frühlings- oder Frühsommerblüher, deren Samen noch im selben Jahr keimen und kleine Pflänzchen hervorbringen. Meist überwintern sie als Rosette dicht am Boden. Im folgenden Frühjahr setzen die Jungpflanzen ihre Entwicklung fort, sie blühen, fruchten und sterben danach größtenteils ab. Dann beginnt der Kreislauf aufs Neue.
Unterbindet man allerdings die Samenbildung, das heißt, wenn Abgeblühtes rechtzeitig entfernt beziehungsweise die gesamte Pflanze zurückgeschnitten wird, dann überleben sie noch ein oder zwei Jahre, bevor sie endgültig sterben.
Hierzu gehören beispielsweise die bekannten zweijährigen Frühlingsblüher wie Primeln, Stiefmütterchen, Maßliebchen, Vergissmeinnicht, Bartnelken, Marienglockenblume oder Goldlack.
Andere Zweijährige, meist Wildformen, sind wesentlich anspruchsloser. Zu diesen zählen Fingerhut, Königs- und Nachtkerzen oder der Muskatellersalbei, Natternkopf und Ochsenzunge.
Die Übergänge zwischen Annuellen, Biennen und Stauden sind oft recht fließend. Bienne können bei zeitiger Aussaat auch einjährig gezogen werden und kurzlebige Stauden wie z. B. Mädchenauge *(Coreopsis grandiflora)*, Akelei und Lupine

Die dankbaren Wandelröschen sind besonders als Kübelpflanzen, aber auch für Beete gut geeignet.

Die bunten Frühjahrsblüher dürfen weder am Haus noch im Garten fehlen – deshalb diese Zweijährigen gleich nach der Blüte erneut aussäen.

werden häufig als ein- oder zweijährige Pflanzen kultiviert. Bei den kurzlebigen und frostempfindlichen Stauden ist der Bestand weitgehend von der Kultur, dem Standort und der Pflege abhängig. In milden Wintern überdauern beispielsweise *Gaura lindheimeri*, *Lobelia splendens* und *L. × speciosa*, auch *Verbena bonariensis* und *V. rigida* sowie das Löwenmäulchen.

Die Ein- und Zweijährigen sind wegen ihrer kürzeren Lebenszeit viel leichter in Gärten einzugliedern als die ausdauernden Gewächse (Stauden) mit ihren ganz unterschiedlichen Standortwünschen. Insbesondere die Sommerblüher aus trockenheißen und tropischen Regionen der Erde wünschen generell einen hellen, meist auch vollsonnigen und vor allen Dingen warmen Platz. In kühlen, nassen Sommern versagen sie in unseren Breiten meist.

Breites Sortiment

Ohne die intensive gärtnerische Züchtung ist das breite Spektrum der Sortimente gar nicht denkbar. Viele der heute erhältlichen Sommerblumen haben kaum mehr Ähnlichkeit mit ihren Vorfahren, sie sind das Produkt jahrelanger Auslese und zahlreicher Kreuzungen verschiedener Arten oder Gattungen untereinander. Das Ergebnis sind einheitliche, reich blühende, farbenprächtige, gesunde und regenfeste Sorten mit haltbaren Blüten und guten Wuchseigenschaften. Sie werden heute allgemein als **Hybriden** bezeichnet oder mit einem × zwischen Gattungs- und Artnamen kenntlich gemacht – z. B. *Nicotiana × sanderae*.

- Die so genannten F_1-Hybriden entstehen aus dem Saatgut der 1. Tochtergeneration nach Kreuzung erbreiner Vater- und Mutterlinien. Sie übertreffen diese qualitativ.
- F_2-Hybriden dagegen entstehen durch Kreuzung zweier Hybriden; diese Nachkommen sind nicht ganz so einheitlich wie die F_1-Generation.

Samen, den man von diesen Sorten erntet und wieder aussät, ergeben allerdings ein buntes Gemisch unterschiedlicher Typen, wie es die mendelsche Vererbungslehre besagt. Für Saatzuchtbetriebe ein willkommener Schutz, denn Züchtungsarbeit ist aufwändig und äußerst kostenintensiv. Viele Sommerblumen sind jedoch samenecht und können von jedermann weiter vermehrt werden.

auf einen blick

Frühlings- und Sommerblumen gehören den verschiedensten Pflanzengruppen an und stammen aus den unterschiedlichsten Regionen der Erde. Entsprechend differenziert sind ihre Ansprüche. In unseren Breiten müssen sie aber nur eine Saison lang aushalten und lassen sich deshalb problemlos verwenden.

Sommerblumen verwenden und kombinieren

Frühlings- und Sommerblumen gehören in jeden Garten. Die Fülle der Arten und Sorten erlaubt es, für jeden Platz und Stil die passenden Pflanzen zu finden.

Mit der Farben- und Formenfülle bunter Frühlings- und Sommerblumen lässt sich ein Garten jedes Jahr aufs Neue schmücken und verwandeln. Ihre Vielgestaltigkeit und ihr unterschiedlicher Charakter sorgen für eine vielseitige Verwendbarkeit. Ob architektonischer, freier oder naturnaher Gartenstil – überall sind Frühlings- und Sommerblumen willkommen.
Das breite Sortiment umfasst sowohl Strukturpflanzen zur Einzelstellung als auch solche für flächendeckende, teppichartige Bepflanzung und bietet zahlreiche Möglichkeiten, die dazwischen liegen. Mit den Frühlings- und Sommerblumen kann das Grundgerüst eines Gartens, bestehend aus dauerhaften Gehölzen und Stauden, immer wieder ergänzt werden.
Die Beispiele in Gartenschauen und Parkanlagen können für den privaten Bereich nur ausschnittsweise als Vorbild gelten, weil die häuslichen Platzverhältnisse es meistens verbieten, größere Flächen nur für Einjährige freizuhalten. Trotzdem können auch im Hausgarten an vielen Stellen wirkungsvolle Situationen geschaffen werden, in denen Frühlings- und Sommerblumen mit ihren Begleitern den Ton angeben. Da der Aufwand des zweimaligen Umpflanzens und der Pflege aber nicht unerheblich ist, sollten diese Plätze besonders sorgfältig gewählt werden.

◀ Ein bunter Sommergarten entsteht durch die geschickte Kombination von Stauden mit farblich passenden einjährigen Blumen.

Frühlings- und Sommerblumenbeete planen

Bei der Anlage von reinen Schmuckbeeten kommt es darauf an, wo und in welcher Größe sie geplant werden. Es macht einen Unterschied, ob man die Blumen aus der Nähe betrachten kann, sich an der Vielfalt der Blütenformen, der Farbtöne und Blattstrukturen erfreuen möchte, wie dies bei einem Beet in Hausnähe oder am Wegrand der Fall ist, oder ob es mehr um die Fernwirkung geht, die Planung also einen Blickfang im Garten darstellen soll.
Bei allen Überlegungen zur Planung spielt auch der Pflegeaufwand eine große Rolle. Es gibt unter den Ein- und Zweijährigen anspruchsvolle Arten und solche, die man als pflegeleicht bezeichnen kann. Bei **direkt am Haus** liegenden Flächen lässt sich ein höherer Pflegeeinsatz durchaus rechtfertigen. Die Reize mehr-

In der klassischen Sommerblumenverwendung wird mit strengen Linien und wenigen Sorten gearbeitet.

Einzelne Kübelpflanzen, wie hier die Engelstrompete, verleihen einem Sommerblumenbeet Höhe und Volumen.

farbiger und kleiner Blüten, zarter Pastellfarben und kleinteiliger Pflanzungen können hier unmittelbarer erlebt werden. Bei den **auf Entfernung wirkenden Flächen** müssen hingegen farbkräftigere, formstabile Sorten gewählt werden, deren Flor möglichst ohne Blühpause bis zum Herbst durchhält.

In reine Wechselpflanzungsflächen, Schmuckbeete im Eingangsbereich oder an der Terrasse etwa, passen **Kübelpflanzen** hervorragend als Solitärpflanzen. Einzeln oder in Reihe – wenn mehrere gleichartige Exemplare vorhanden sind – tragen sie in einer teppichartigen Pflanzung zur Raumbildung bei. Diese Kübelpflanzen bilden außerdem einen wichtigen Blickfang und verbreiten das erwünschte sommerlich-mediterrane Flair im Garten.

Der richtige Platz für das Beet

Die Voraussetzung für gutes Gedeihen beginnt bereits bei der Standortwahl. Der größte Teil der Sommerblumen ist ausgesprochen lichthungrig und wärmebedürftig. Zu den wenigen Ausnahmen zählen alle Begonien, Fuchsien, Fleißigen Lieschen und ihre Verwandten. Sie lieben den lichten Schatten sowie frisch-feuchte Böden. Goldmohn, Portulakröschen und Adonisröschen mit ihrem Wildcharakter wünschen dagegen eher trockene und magere Standorte, um ihre Schönheit zu entfalten.

Windgeschützte warme Plätze finden Sommerblumen vor Mauern und Hecken oder auf Staudenrabatten. Frühlingsblumen sind da weniger empfindlich, sie sind an schwierige Witterungsverhältnisse angepasst.

Mit jahreszeitlich wechselnden Schmuckpflanzungen lassen sich vor allen Dingen die Beete rund ums Haus gestalten. Terrassen und Sitzplätze sowie die Eingangsbereiche kann man damit herausputzen, aber auch Stellen aufwerten, die anderweitig schwierig zu bepflanzen sind, wie zum Beispiel schmale Streifen an der Garagenwand oder zwischen Tor und Haus. Da die meisten Sommerblumen an warmen, sonnigen Standorten am besten gedeihen, sollte man ihnen Beete und Gefäße auf der Südseite an der Terrasse reservieren oder eine offene Fläche im Rasen bepflanzen.

Einbinden in die Umgebung

Bei allen Planungen ist es wichtig, die Umgebung in die Überlegungen mit einzubeziehen. Ausgefallene Kompositionen erhalten ihren Platz am besten nahe beim Haus oder im Vorgarten. Voraussetzung ist jedoch eine harmonische farbliche Abstimmung mit den vorhandenen Materialien wie Wandverkleidung, Natursteinbelag, Klinker oder Beton, um die Wirkung zu steigern. Hintergrund, Untergrund oder benachbarte Gewächse sind ausschlaggebend dafür, ob Blütenfarben und Pflanzenformen richtig zur Geltung kommen können, ob sie hervorgehoben werden oder untergehen.

Abstimmen auf den Gartencharakter

In einem **landschaftlich** geprägten, **naturnah gestalteten Garten** ist die Einbindung des jahreszeitlichen Blumenschmucks in die Umgebung besonders wichtig. Hier werden Frühlings- und Sommerblumen meist nur zurückhaltend und sparsam in die bestehenden Stauden- und Gehölzflächen integriert. Sie tragen zur Verlängerung oder zur farblichen Ergänzung des bereits vorhandenen Blütenflors bei. Pflanzen mit Wildcharakter wie Mehlsalbei, hoher Leberbalsam, Ziertabak und Fuchsschwanz kommen hier in Frage. Für schattige Lagen gibt es auch unter den Fleißigen Lieschen und Begonien genügend zurückhaltende Farbtöne, die mit dem vorhandenen Bewuchs ein harmonisches Bild ergeben. Die niedrigen Sorten eignen sich besonders zur Vorpflanzung und Beeteinfassung.

Im Frühling können an solchen Stellen Blumenzwiebeln wachsen, die sich zum Verwildern eignen, wie Narzissen und Botanische oder Einfache Tulpen, Blausternchen und Traubenhyazinthen.

Erste Höhepunkte im Gartenjahr lassen sich mit den grazilen Lilienblütigen Tulpen, kleinen Hornveilchen und zartem Vergissmeinnicht schaffen.

Wer einen **bäuerlichen Garten** besitzt, kann viel unbeschwerter mit den Sommerblumen umgehen. In der bunten Vielfalt lassen sich Ein- und Zweijährige, Zwiebel- und Knollengewächse, feine und derbe Gestalten wunderbar miteinander kombinieren. Der Reiz liegt hier sogar gerade in dieser Vielseitigkeit. Neutrales Grün im Umfeld, Heckenstrukturen und zurückhaltende Bodenbeläge tragen beispielsweise wieder zur Beruhigung des allzu Bunten bei.

Blumen mit begrenzter Lebensdauer, wie Frühlings- und Sommerblumen, sind in ganz besonderem Maße geeignet, kurzfristig Lücken zu füllen und unschöne Ecken zu verbergen. Speziell trifft dies auch auf **neu angelegte Gärten** zu. In den ersten Jahren, solange Bäume, Sträucher und Stauden noch jung und klein sind, wird der Wechselflor zum Hauptschmuckelement des Gartens. Gleichzeitig helfen die Ein- und Zweijährigen zu Beginn, den noch weitgehend offenen Boden zu bedecken und damit zu schützen.

Werden Frühlings- und Sommerblumen als Lückenfüller eingesetzt, dürfen sie auf keinen Fall zur Konkurrenz für die frisch gepflanzten Stauden und Gehölze werden und ihnen Licht und Luft wegnehmen, über sie hinweg- oder in sie hineinwachsen und sie durch zu dichtes Pflanzen in ihrer Entwicklung behindern. Vorsicht, manche Arten neigen auch zur Selbstaussaat. Die Gefahr, dass kurzlebige Pflanzen überhandnehmen, ist besonders groß, weil die gut aufbereiteten Böden in Neuanlagen das Wachstum der Sommerblumen begünstigen.

Auch Nutzgärten können hübsch gestaltet sein, wenn beispielsweise Gemüse- und Kräuterreihen durch Sommerblumen unterbrochen werden.

Sommerblumen im Staudenbeet

Viele der Ein- und Zweijährigen sind bewährte Partner der Beet- oder Schmuckstauden. Ein Großteil der Sommerblumen hat sogar enge Verwandte unter den Stauden. Beispiele liefern Salbei, Rudbeckien, Margeriten, Bartfaden und Sonnenblumen. Blüten- und Wuchsform, auch die Ansprüche sind häufig sehr ähnlich. Darum ergänzen sie sich in Farbe und Charakter so gut.

Die Kombination von kurzlebigen und dauerhaften Pflanzen kann weit über das »Lückenfüllen« hinausgehen. Abgesehen von

Einjährige mit lang anhaltendem Flor sind eine wunderbare Ergänzung für die Staudenrabatte, denn sie verlängern die Blütezeit um ein Vielfaches.

Vorsicht ist geboten, wenn die Farbigkeit der Sommerblumen zu intensiv wird. Gerade die einjährigen gelben Rudbeckien wirken in der Masse sehr knallig und erschlagen damit ihre Nachbarn. Einzeln und sparsam verwendet, bringen sie Rabatten jedoch monatelang zum Leuchten.

der kontinuierlichen und längeren Blütezeit lassen sich mit dem Wechselflor neue Akzente setzen, beispielsweise mit aufregenden Farben, die bei den Stauden so nicht vorkommen, wie etwa das Orange von *Cosmos sulphureus* oder die Violett-Töne von *Verbena rigida* und *V. bonariensis.*

Viele Stauden haben im Vergleich zu den ein- und zweijährigen Arten eine relativ kurze Blühdauer. Die überwiegende Zahl der Sommerblumen sorgt dagegen vom Frühsommer bis zum Herbst für anhaltenden Blütenschmuck. Die Stauden können zu bestimmten Jahreszeiten wunderbar durch kurzlebige Arten ergänzt werden. Nach dem Blütenrausch des Frühsommers mit Rittersporn, Mohn, Staudensalbei, Margeriten und Lilien tritt oft bis zum nächsten Blühhöhepunkt mit Phlox und Sonnenauge eine Pause ein – zurückgeschnittene oder einziehende Stauden hinterlassen Lücken. In dieser Zeit wird das Staudenbeet durch Mehl- und Scharlachsalbei, Bartfaden, hohe Lobelien und Schnitt-Ageratum gut ergänzt.

Weitere Verwendungsmöglichkeiten

Unter den Sommerblumen befinden sich auch **ideale Bodendecker**, die die Erde zeitweise vor Erosion, Auswaschung und dem Austrocknen schützen können. In erster Linie denkt man dabei an die Kapuzinerkresse, die nicht nur kletternd wächst, sondern den Boden auch dicht mit ihrem schönen Laub bedeckt. Hervorragende Einsatzmöglichkeiten bieten sich für andere niedrige Sommerblumen bei den **Rosen**. Diese lieben einen offenen Boden, der sich gut bearbeiten lässt; deshalb sind Stauden und dauerhafte Gräser nicht die richtige Unterpflanzung. Einjährige stellen für sie keine ständige Konkurrenz dar, und

Rosen und Stauden erfreuen mit ihrem oft üppigen Blütenflor, doch meistens hält dieser nur wenige Wochen an.
Ganz anders die Sommerblumen – ein Großteil von ihnen blüht über Monate hinweg und bildet im Garten einen farbkräftigen Blickfang.

Gerade die Zweijährigen mit Wildcharakter passen hervorragend in Stauden- und Gehölzpflanzungen – hier der Fingerhut

darüber hinaus sieht ein Blütenteppich aus Duftsteinrich *(Lobularia)* oder eine Zwischenpflanzung aus blauem einjährigem Rittersporn, Salbei oder weißen Margeriten sehr hübsch aus und kann die Rosenblüte in ihrer Wirkung noch unterstreichen.
Möglichkeiten einer ergänzenden Sommerbepflanzung bietet auch ein **Stein- oder Kiesgarten.** Zahlreiche Einjährige kommen in ihrer Urform in heißen, trockenen Gebieten vor. Auch die durchgezüchteten Gartenformen fühlen sich an solchen Plätzen am wohlsten. Südafrikanische Pflanzen wie Gazanien und Kapkörbchen oder Mittelamerikanerinnen wie Lantanen, Verbenen und Salvien lassen sich hier gut verwenden. Die reizende scharlachrote *Verbena peruviana* zum Beispiel überzieht locker Steine und Boden, ohne aufdringlich zu wirken. Portulakröschen, Lein und Goldmohn beleben mit ihren leuchtenden Farben beispielsweise ein Kiesbeet noch lange nach der Irisblüte. Ideale Partner sind hier außerdem die Zierlauch-*(Allium-)*Arten in vielen verschiedenen Größen und violetten Farbtönen.
Am **Teich** oder **Wasserbecken** finden Sommerblumen ebenfalls attraktive Standorte. Der seichte Uferrand eignet sich besonders für die Feuchtigkeit liebende Gauklerblume *(Mimulus)* und den Sterntaler *(Melampodium)*. Am gebauten Beckenrand können auch einzelne schöne Exemplare von Rizinus, Mexikanischer Sonnenblume oder Fuchsschwanz wirkungsvolle pflanzliche Strukturen bilden.
Kleine Hecken und Abgrenzungen kann man auch sehr gut aus Sommerblumen bilden. Dafür kommen natürlich die höheren und stabileren Arten und Sorten in Frage, je nach Platzangebot beispielweise die gedrungen wachsende Sommerzypresse *(Kochia)* und Buschmalve *(Lavatera)* oder die sparrige und bedornte Spinnenblume *(Cleome)* sowie Kosmeen, aber auch hohe und schmale Stockrosen und Sonnenblumen.
Eine weitere Möglichkeit, Sommerblumen im Garten zu verwenden, bietet eine **»Blumenwiese«** aus Einjährigen. Gesät und teilweise auch gepflanzt, bildet sie zeitweise einen hübschen Blickfang. Sie sollte jedoch nicht einer intensiv gestalteten Rabatte vorgelagert werden, denn ein Blumenbeet braucht die Umrahmung eines gepflegten Rasens, um voll zur Wirkung zu kommen. Blumenwiesen passen in naturnahe Gärten. Sie verändern sich aber von Jahr zu Jahr.

Einjährige Kletterpflanzen

Den Sommerblumen zuzurechnen sind auch die einjährigen Kletterpflanzen, die innerhalb einer Saison durch ihr unglaubliches Wachstum beeindrucken. Diese Schlinger und Ranker sind vielseitig zu verwenden und setzen durch ihr Höhenwachstum Akzente: Als Solitärs an Pyramiden oder Pfosten gezogen, können sie Beete strukturieren. Sie eignen sich als dekorativer Hintergrund oder als Raumteiler; Ranksäulen werden schnell zum Blickfang inmitten eines Schmuckbeetes. Mit diesen Gewächsen lassen sich Lauben, Gitter und Pergolen, Einzäunungen, Geländer usw. überziehen oder unschöne Wände verdecken. Einige klettern auch malerisch an Bäumen empor, wie die schattenverträgliche Glockenrebe. Entsprechend den unterschiedlichen **Klettertechniken** müssen die **Rankhilfen** beschaffen sein. **Schlinger** brauchen senkrechte Stützen, **Rankpflanzen** dagegen gitterförmige. Die Länge der Stütze richtet sich nach der jeweiligen Wuchskraft. Wichtig ist es auch, die Jungpflanzen rechtzeitig an die Kletterhilfe heranzuführen. Wenn sie erst einmal Halt gefunden haben, suchen sie sich allein ihren Weg.

Unübertroffen in ihrer Wirkung sind die himmelblauen Blüten der Prunkwinde – sie öffnen sich nur für wenige Stunden, aber es erscheinen immer neue Knospen.

Pflanzen mit Blattranken wie die Duftwicke *(Lathyrus odoratus)* und die Schönranke *(Eccremocarpus scaber)* wachsen gut an engmaschigen Drahtgeflechten. Mit Wicken lässt sich auf diese Weise eine blühende und wohlriechende Hecke zaubern. Stark wachsende Kletterer, wie Prunkwinde *(Ipomoea)*, *Quamoclit* und *Eccremocarpus*, pflanzt man gern an drei Pfähle, die zeltartig zusammengebunden sind. Kletterpflanzen mit schönen Blattformen oder zierenden Früchten, wie die Zierkürbisse, sind zur Bekleidung von Lauben besonders geeignet.

Mit einjährigen Schlingern kann man sehr rasch und effektvoll eine Raumwirkung und einen Sichtschutz erzielen. Daher sind sie ideale Pflanzen für neu angelegte Gärten.

Einjährige Kletterpflanzen			
Deutscher Name ***(Botanischer Name)***	**Höhe**	**Blüte-zeit**	**Blüten-farbe**
Schlinger			
Prunkwinde *(Ipomoea tricolor)*	2–3 m	7–10	hellblau
Feuerbohne *(Phaseolus coccineus)*	3–4 m	6–9	rot/weiß
Sternwinde *(Quamoclit lobata)*	2–3 m	7–9	orangerot
Schwarzäugige Susanne *(Thunbergia alata)*	1–2 m	6–10	gelb/weiß
Ranker			
Glockenrebe *(Cobaea scandens)*	4–6 m	8–10	lilablau/weiß
Schönranke *(Eccremocarpus scaber)*	2,5–4 m	7–10	orangerot
Japanhopfen *(Humulus japonicus)*	4–5 m	7–10	gelbgrün
Duftwicke *(Lathyrus odoratus)*	1–2 m	6–9	bunt
Kapuzinerkresse *(Tropaeolum peregrinum)*	1–3 m	7–10	hellgelb

Bienenweide- und Duftpflanzen

Der sommerlich bunte Blumengarten ist nicht nur optisch eine Augenweide, auch die Nase hat ihr Vergnügen. Viele Blüten verströmen einen unwiderstehlichen Duft, allen voran die dunkelblaue Vanilleblume und der weiße oder pastellfarbene Duftsteinrich. Daneben spielen auch Ziertabak, Levkojen, Nelken und Duftwicken eine Rolle. Diese Pflanzen benutzt man deswegen gerne als Einfassung und setzt sie an Gartenwege und in die Nähe eines Sitzplatzes, um den feinen oder betörenden Geruch auch genießen zu können.
Den Frühlings- und Sommerblumen kommt auch eine nicht unerhebliche Bedeutung als Pollen- und Honigspender zu. Obwohl die meisten Arten ursprünglich bei uns nicht heimisch sind, werden viele gerne als Bienenweide angenommen und darüber hinaus auch von zahlreichen anderen Insekten und von vielen schönen Schmetterlingen besucht.

Einjährige Blattschmuckpflanzen

Nicht allein die Blütenpflanzen bestechen durch Farben und Formen, Fülle oder Exklusivität der einzelnen Blüten, auch Blattschmuckpflanzen wie Buntnesseln *(Coleus)*, die Sommerzypresse *(Kochia)*, das Silberblatt *(Senecio)* oder der hohe Rizinus haben dekorativen Charakter. Die Blüten spielen hier nur eine untergeordnete Rolle, obwohl sie oder ihre Fruchtstände (z. B. bei *Ricinus* und *Amaranthus)* oft sehr attraktiv sind. Wirkungsvoll erscheinen jedoch vor allen

Hübsche Kontraste zum wolligen Laub des Silberblattes bilden *Verbena rigida* und *Cosmos sulphureus*.

Dingen die schön gefärbten, gezeichneten und geformten Blätter oder der interessante Wuchs wie bei der Sommerzypresse *(Kochia)*.
Blattschmuckpflanzen sind wichtiges Beiwerk für eine Blumenrabatte. Sie helfen Farben zu neutralisieren, aber auch zu verstärken. Man denke etwa an scharlachrote Blüten, die durch das dunkle Rot der Schwarznessel *(Perilla)* oder den roten Fuchsschwanz *(Amaranthus)* noch besser zum Leuchten gebracht werden.

Rotstieliger Mangold ist nicht nur ein delikates Gemüse, besonders bei Sonnenschein wird er zum Blickfang im Sommerblumenbeet.

Gemüse und Kräuter

Mit dekorativem Wuchs und Laub warten aber auch einige Nutzpflanzen auf, die in den letzten Jahren immer häufiger in den Blumenbeeten Einzug halten. Das Gestalten mit Gemüsen und Kräutern – eine historische Form der Pflanzenverwendung – hat ihr Vorbild in barocken Anlagen, in Kloster- und Bauerngärten. Neben den bunten Rosetten des bekannten Zierkohls wird heute ein wuchtiger violetter Grünkohl ('Redbor') gern als Solitärpflanze eingesetzt. Der attraktive rotstielige Mangold (Sorte 'Ruby Red') mit seinen durchscheinenden leuchtenden Stielen wird ebenfalls gern verwendet.

Interessantes und gleichzeitig nützliches Beiwerk stellen auch die verschiedenen Kräuter dar. Von Minze und Melisse, Thymian, Salbei und Basilikum existieren heute reizende farbige Sorten, nicht zu vergessen die silberlaubigen Wermutarten, die alle auch Schmuckwert besitzen und sich gut in die Beete integrieren lassen.

Einjährige Gräser

Auch unter den zahlreichen Gräsern gibt es eine Reihe von Einjährigen, denen man die Kurzlebigkeit keinesfalls ansieht, beispielsweise bei den Feder-

Gräser helfen dabei, Blumenrabatten aufzulockern – hier eine kurzlebige Form *(Pennisetum villosum)* des bekannten Lampenputzergrases.

Einjährige Gräser			
Deutscher Name ***(Botanischer Name)***	**Höhe (cm)**	**Blüte-zeit**	**Blüten-farbe**
Großes Zittergras *(Briza maxima)*	30–40	6–7	hellbraun
Mähnengerste *(Hordeum jubatum)*	50–60	6–8	grün-gelb
Hasenschwanzgras *(Lagurus ovatus)*	20–40	6–8	weißlich
Rutenhirse *(Panicum virgatum* 'Fontaine')	40–60	7–9	grün
Federborstengras *(Pennisetum setaceum)*	50–70	8–10	bräunlich
Federborstengras *(Pennisetum villosum)*	50–70	8–10	weiß
Natalgras *(Rhynchelytrum repens)*	60–100	8–9	braun-rosa
Pferdeschweifgras *(Stipa tenuissima)*	40–50	7–9	grün-gelb

borsten(Lampenputzer)gräsern *(Pennisetum*-Arten).
Gartenbegeisterte sind schon darauf hereingefallen: sie haben die schönen Exemplare im Herbst aus den Beeten »gerettet« und waren dann im folgenden Jahr völlig enttäuscht, als sie nicht wieder austrieben.
Beim Pferdeschweifgras trifft dies nicht zu – es ist winterhart und braucht auch nicht zurückgeschnitten werden. Besonders hübsch sieht es aus, wenn der Wind durch die feinen Halme streicht.
Gräser wollen es nicht mit der bunten Vielfalt der Sommerblumen aufnehmen, sondern sie sind gerade wegen ihrer neutralen Grün-, Gelb- und Brauntöne geeignet, die Farbenfülle zu beruhigen und die Beete zu gliedern. Ihr graziler, lockerer Wuchs und die dekorativen Halme und Fruchtstände verleihen Sommerblumenrabatten mit Gräsern einen besonderen Reiz und natürlichen Charme.

Alle Gräser lassen sich leicht aus Samen heranziehen und sind frisch oder getrocknet ein hübscher Vasenschmuck.

Einjährige Gräser gibt es in großer Auswahl und mit unterschiedlichen Blütezeiten, sie unterstreichen den natürlichen Charakter einer Pflanzung.

Trockenblumen retten, richtig geerntet und vorbehandelt, ein Stück des Sommers in die kalte Jahreszeit hinein.

Sommerblumen als Schnitt- und Trockenblumen

Sommerblumen gehören auch in die Vase. Es gibt für viele Gartenfreunde kaum etwas Schöneres, als mit Schere oder Messer in der Hand durch den Garten zu streifen und sich immer wieder frische Sträuße zu schneiden. Gerade bei den Sommerblumen kommt man so richtig ins Schwelgen. Vielfach sind einzelne oder wenige Blüten wirkungsvoll, aber im Sommer dürfen die Sträuße ruhig üppiger sein – beispielsweise ein Krug voller bunter Zinnien, Levkojen, Wicken, Bartnelken oder aber eine Mischung quer durch den Blumengarten.

Wer Platz genug hat, sollte unbedingt ein gesondertes **Beet für Schnittblumen** anlegen – am besten im Nutzgartenteil – und dort möglichst jedes Jahr die Fläche wechseln, um Krankheiten vorzubeugen.
Wenn man an die blütenarme Jahreszeit denkt, bietet es sich an, auch einige **Trockenblumen** (siehe Seite 78) mit einzuplanen. Sie retten noch etwas sommerliche Atmosphäre in den Winter hinein. Neben den bekannten Strohblumen *(Helichrysum)* eignen sich Papierknöpfchen *(Ammobium)*, Sonnenflügel *(Helipterum)*, Strandflieder *(Limonium)*, auch Statice genannt, ebenso wie Fuchsschwanz, Kugelamarant, Muschelblume und verschiedene Gräser.

Allen Immortellen – wie die Trockenblumen auch genannt werden – ist eine feste Struktur der Blüten gemeinsam, die sie zur Weiterverwendung in Sträußen o.Ä. prädestinieren.
Trockengebinde sind seit Jahren in Mode. Wichtig für die Haltbarkeit der Blumen ist allerdings der **richtige Erntezeitpunkt.** Bei einigen erfolgt er knospig (Strohblume), bei anderen dagegen voll erblüht (Sonnenflügel). Wichtig ist das Bündeln und kopfüber Aufhängen an einem geschützten, luftigen und schattigen Ort.

auf einen blick

- Wechselpflanzungsflächen direkt am Haus oder im Vorgarten sorgen von April bis Oktober für Blütenpracht, die man gut aus der Nähe genießen kann.
- Blumenbeete innerhalb des Gartens sollen sich in die Gesamtanlage einfügen und gleichzeitig aus der Ferne wirken.
- Frühlings- und Sommerblumen lassen sich je nach Charakter und Standortanspruch ausgezeichnet mit Stauden, Rosen und Gehölzen kombinieren.
- Auch einjährige Kletterpflanzen, Gräser und Nutzpflanzen lassen sich in Sommerbeete integrieren.

Gestalten mit Sommerblumen

Für die Frühlings- und Sommerbepflanzung im Hausgarten eignen sich im Wesentlichen zwei verschiedene Stilrichtungen: das formale Beet mit teppichartiger Pflanzung und die natürlich und locker aufgebaute Rabatte mit vielen Arten und Sorten.

In die direkte Nachbarschaft von Gebäuden passen rasterartige Pflanzungen hervorragend – hier die Tulpe 'White Triumphator' im Vergissmeinnicht-Teppich.

Historische Vorbilder

Ein- und zweijährige Blumen lassen sich hervorragend für eine ornamentale Gestaltung verwenden – man denke nur an die Schlossparterres oder an gepflanzte Bilder, wie man es aus mancher Kuranlage kennt. Außerdem ist uns der strenge kreuzförmige Grundriss der Klostergärten überliefert, der sich in den Bauerngärten wieder findet und bis in die Gegenwart erhalten hat. Dort wachsen Nutz- und Zierpflanzen, darunter viele Sommerblumen wie etwa die Ringelblume, einträchtig nebeneinander.
Aus der Renaissance- und Barockzeit stammen die so genannten Parterres, ebenerdige, flächige Pflanzungen mit Bordüren aus Buchsbaum und Kies. Auch hier standen bei der Pflanzenverwendung Kräuter und Nutzpflanzen noch stark im Vordergrund. Blumenschmuck war viel zu kostbar. Erst mit fortschreitender Entdeckung fremder Länder und Kontinente und der beginnenden Züchtungsarbeit änderte sich das. Spätbarock und Rokoko kreierten die zauberhaften **Millefleurs-Pflanzungen**. Sie fanden sich auf schmalen, lang gestreckten Beeten, die bandartig den Weg begleiteten oder eingebettet in einer ruhigen Rasenfläche lagen. Vorbild für derartige Pflanzungen sind heute noch die historischen Gärten von Schwetzingen und Sanssouci. Die Beete waren sehr kleinteilig bepflanzt. Die Frühlings- oder Sommerblumen wurden einzeln oder in geringen Stückzahlen verwendet. Diese Kompositionen wiederholten sich jedoch im rhythmischen Wechsel.
Im 19. Jh. entstanden in England die ersten **Blumenrabatten** und **Schmuckbeete** in unmittelbarer Nähe des Hauses. Um die Jahrhundertwende kamen weitere Varianten in Mode: Rondelle, auf denen Palmen, Agaven oder andere exotische Pflanzen den Mittelpunkt betonen, Teppichbeete mit kunstvollen Mustern, gewebt aus unterschiedlichen kleinen buntblättrigen Pflanzen wie dem Papageienblatt *(Alternanthera)* oder auch aus rosettenförmigen Dickblattgewächsen wie *Echeveria*. Diese **ornamentale Beetgestaltung** hat sich bis heute in aller Welt erhalten. Daneben existieren die einfachen, rasterförmig angelegten Beete, deren Pflanzflächen sehr plakativ wirken. Beide Formen der Bepflanzung kennt man aus öffentlichen Anlagen.
Erfreulicherweise setzt sich jedoch in jüngster Zeit ein wesentlich natürlicheres Konzept

◀ Auch bei naturnah wirkenden Gartenbildern lohnt es sich, Formen und Farben sorgfältig aufeinander abzustimmen.

Auf diesem Teppichbeet dominieren die Eisbegonien. Silberblatt und *Canna* strukturieren die Fläche.

durch, das dem Millefleurs-Stil abgeschaut und in größere Dimensionen übersetzt wurde. Auf vielen Gartenschauen wurde und wird dieser wiesenhafte, teilweise impressionistische Stil seit den 80er Jahren des 20. Jahrhunderts gepflegt.

Gestaltungsideen für Sommerblumen im Garten

Es gibt verschiedene Möglichkeiten, mit Frühlings- und Sommerblumen umzugehen und jahreszeitlich unterschiedliche Schmuckbeete zu bepflanzen. In erster Linie richtet sich die Gestaltung nach dem Stil des Gartens, ob er formal, d.h. streng geometrisch angelegt oder eher landschaftlich frei gestaltet ist. Auch für Bauern- und Naturgärten gibt es die passenden Blumen.

Formale Pflanzungen

Beim Teppichbeet mit geometrischem Grundmuster werden verschiedene Farbflächen gegeneinander gesetzt. Starke Farbkontraste oder zarte Ton-in-Ton-Gemälde kommen in Frage. Um die einzelnen Parzellen und Farbsorten voneinander abzugrenzen, eignen sich **Strukturpflanzen** mit neutralen Zwischentönen wie das graulaubige Silberblatt oder die dunkelblauviolette Vanilleblume.
Günstig ist es, in die flächige Pflanzung vertikale Elemente zu setzen, je nach Lichtverhältnissen etwa weiße Margeriten-Hochstämmchen oder Fuchsien. Damit erhält die farbintensive Grundbepflanzung eine ruhige Note oder umgekehrt eine ruhige Flächenpflanzung einen lebhaften Blickfang.

Wiesenartige Millefleurs-Pflanzungen

Im Gegensatz zur strengen Form der Bepflanzung wird hierbei eine Durchmischung der Arten

Der Millefleurs-Stil erinnert an impressionistische Gemälde oder den natürlichen Charakter einer Blumenwiese.

und Sorten angestrebt. Pflanzen unterschiedlicher Farben, Formen, Höhen und mit verschiedenartigem Wuchscharakter bilden eine natürliche Gemeinschaft. Der lockere Charakter entsteht durch unterschiedliche Pflanzenstrukturen. Aus einer flachen Bodendecke heraus entwickeln sich die einzelnen Pflanzengestalten. Und wie auf einer Wiese verdichten sich manche Arten zu Pulks, dann lockert der Verband langsam wieder auf, um sich mit anderen Arten zu verweben.

Die kräftigen Farben mancher Sommerblumen können durch das beruhigende Grün der Gräser neutralisiert werden. Gräser sind in einer naturhaften Pflanzung deshalb immer ideale Begleiter, nicht nur weil sie Farben harmonisieren, sondern weil sie auch harte Strukturen überspielen.

Aufbau einer Millefleurs-Pflanzung

Der Aufbau einer solchen lockeren Rabatte entspricht in etwa der eines Staudenbeetes. Leit- oder Solitärpflanzen können eine Führungsrolle übernehmen. Sie werden einzeln oder in kleinen Gruppen zu drei bis fünf Stück gepflanzt. Für diese Aufgaben eignen sich hervorragend die Kosmeen, Spinnenblumen, Ziertabak *(Nicotiana sylvestris)*, die Mexikanische Sonnenblume, aber auch große Blattschmuckpflanzen wie den rot- oder grünblättrigen Rizinus. Auch stattlicher Ziermais und Sonnenblumen ergeben imposante Einzelgruppen.

Eine niedrige Flächenpflanzung sollte von den Rändern her etwa ein Drittel des Beetes einnehmen. Als vermittelnde Elemente zwischen Solitärs und Bodendecke werden etwa kniehohe Pflanzen gesetzt. Sie können in etwas größeren Gruppen beieinander stehen und auch teils dichter, teils vereinzelt die gesamte Pflanzung bandartig durchziehen.

Zusätzlich kann die Flächenpflanzung von grazilen, höher wachsenden Arten locker »überstellt« werden. Dazu eignet sich das

Aufbau einer Millefleurs-Pflanzung
① Schwarznessel *(Perilla frutescens)* als Solitär
② Hohe großblütige Zinnien *(Zinnia elegans)*
③ Bartfaden *(Penstemon*-Hybride)
④ Mehlsalbei *(Salvia farinacea)*
⑤ Tagetes oder Husarenknopf *(Tagetes patula* oder *Sanvitalia procumbens)*

Solche wiesenartigen Pflanzungen können sowohl großflächig als auch auf sehr kleinem Raum verwirklicht werden. Je weniger Platz vorhanden ist, desto eher bietet sich eine Beetbepflanzung im klassischen Millefleurs-Stil an.

Naturhaft wirkende wiesenhafte Pflanzungen in zwei verschiedenen Farbstellungen auf der Bundesgartenschau in Gelsenkirchen (1997; Planung: Büro Eckebrecht, Kelkheim).

hohe Eisenkraut *(Verbena bonariensis)* besonders gut, da es sich, obwohl straff im Erscheinungsbild, schleierartig verzweigt und auf diese Weise unterschiedliche Pflanzengruppen verbindet.

Diese Grundstruktur lässt sich vielfältig abwandeln. Wird als Untergrund ein differenzierter, patchworkartiger Teppich aus Pflanzen mit unterschiedlichem Wuchscharakter gewählt, dann kommen gerade kompakte und strenge Formen, wie sie die Sommerzypresse *(Kochia)* zeigt, zur Wirkung. Ihr zartgrünes Laub trägt gleichzeitig zur farblichen Beruhigung bei.

Besteht der Blumenteppich aber aus kompakt wachsenden, einheitlich wirkenden Pflanzen, dann sind Solitärs mit locker überhängendem Habitus wie zum Beispiel hohe Fuchsschwanz-Sorten, die Prachtkerze *(Gaura)* oder Gräser von besonderem Reiz.

Werden mehrere Sorten zur flächigen Bepflanzung ausgewählt, sollte man sie untereinander verzahnen, d. h. im Gegensatz zur formalen Anlage keine strengen Linien bilden. Das gilt sowohl für den Frühjahrsflor wie auch für die Sommerblumen – es würde dem natürlichen Konzept widersprechen.

Wichtige Kriterien bei der Planung

1. Welche Farben werden bevorzugt: reine Farben, Pastellfarben, harmonische oder kontrastreiche Farben?
2. Sollen die Farbflächen plakativ entweder in geometrischer oder freier Form nebeneinander gestellt werden?
3. Ist eine Überstellung mit Solitärpflanzen gewünscht?
4. Soll eine starke Durchmischung mit einer Vielzahl von Arten und Sorten im natürlichen wiesenartigen Stil erfolgen?
5. Wie stark soll die Höhenabstufung sein: flächig, knie- oder hüfthoch?
6. Welche Wuchsformen werden bevorzugt: locker, kompakt, schmal, breit?
7. Spielen bei der Pflanzenauswahl Durchhaltefähigkeit bis in den Herbst hinein und Pflegeleichtigkeit eine Rolle oder kann der Aufwand für Pflege und ggf. Nachpflanzungen vernachlässigt werden?
8. Wie kann der Bezug zur Umgebung hergestellt werden?
9. Wie gestaltet sich der Hintergrund?
10. Welche klimatischen und kleinklimatischen Verhältnisse liegen vor?

Farben und Farbkompositionen

Frühlings- und Sommerblumen gehören auf Grund ihrer lang anhaltenden Blütenpracht oder wegen ihrer Laubtönung zu den wichtigsten Farbträgern im Reigen der Gartenpflanzen. Das Sortenspektrum ist riesig. Neben feinen Ton-in-Ton-Abstufungen oder starken Kontrasten sind viele ausgefallene Kompositionen möglich.

Der Umgang mit Farben ist in erster Linie Geschmacksache und wird häufig intuitiv gehandhabt. Er kann jedoch auch geschult werden. Einige Regeln aus der Farblehre können bei der Gestaltung von Blumenbeeten recht hilfreich sein.

Farbkreis

Die Spektralfarben des Regenbogens werden auf einen Kreis übertragen, der aus sechs Farbgruppen besteht, die nochmals in feinere Nuancen unterteilt werden können. Gelb, Rot und Blau stehen als reine Farben den daraus entstandenen Mischfarben Orange, Violett und Grün gegenüber. Eng beieinander liegende verwandte Farben **(Farbverlauf)** strahlen **Harmonie** aus – etwa Rot, Rotviolett und Dunkelviolett oder Gelb- und Orangetöne. Im Gegensatz dazu bilden die sich im Farbkreis gegenüberstehenden Farben starke **Kontraste** – Gelb und Violett, Orange und Blau, Rot und Grün. Diese Farbkonstellationen macht man sich zu Nutze, um mehr Spannung in eine harmonische Ton-in-Ton-Komposition zu bringen. Bei starken Kontrastfarben genügen schon wenige Exemplare, um die gewünschte Wirkung zu erzielen. Kontrastreich stehen sich auch **warme und kühle Farben** gegenüber: Die warmen Töne Gelb, Orange, Rot im Gegensatz zu Grün, Blau, Violett.

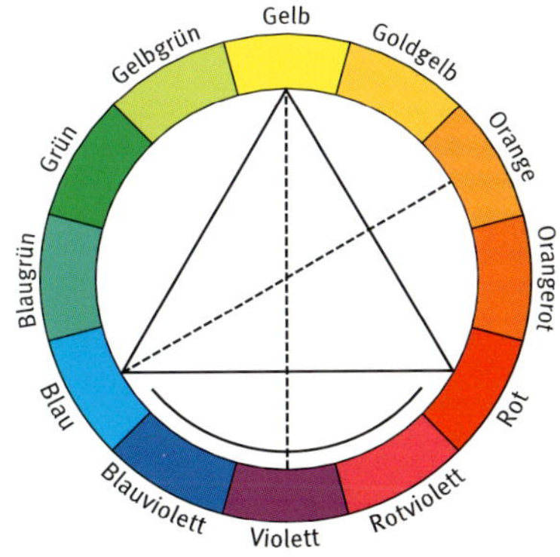

Ein Farbkreis als praktische Hilfe bei der Farbkombination.

------ **Komplementärkontraste:** Gelb–Violett, Orange–Blau

△ **Farbdreiklang:** Gelb, Rot, Blau

◡ **Farbverlauf:** Blau, Violett, Rot

Gelb-Rot hat eine enorme Signalwirkung – hier wurden Pantoffelblümchen mit der rotlaubigen *Lobelia splendens* kombiniert, die in milden Wintern häufig überlebt.

Warme und kühle Farben untereinander verbreiten wiederum eine harmonische Stimmung. Intensiv leuchtendes Gelb, Orange und Rot vermitteln **Nähe**, während kühle Farben, insbesondere das Blau, die Dinge in die **Ferne** rücken. In der Praxis heißt das, dass sich ein langer schmaler Raum mit den warmen Farbtönen optisch verkürzen lässt; durch die Fernwirkung von kühlem Blau ist es andererseits möglich, einen kleinen Garten größer erscheinen zu lassen.
Auch der **Farbwert** spielt bei der Auswahl der Blumen eine wichtige Rolle, denn jede Farbe besitzt verschiedene Helligkeitsstufen. Feine Ton-in-Ton-Abstufungen sind hier ebenso möglich wie die wirkungsvolleren kräftigen Farbkontraste.

Farbkombinationen

Wenn man einen **Farbdreiklang** aus Blau, Rot und Weiß zusammenstellt und dabei nur sehr helle und gebrochene Töne auswählt, entstehen zarte, pastellfarbene Gartenbilder, die besonders im Dämmerlicht und bei trübem Wetter wirken. Kleine Akzente können in solchen Kombinationen mit sehr zartem hellem Gelb gesetzt werden.
Farbintensive Pflanzungen lassen sich durch kontrastierende Farbgruppen aufhellen und abschattieren. Leuchtendes Gelb wird zum Beispiel durch dunkle oder hellviolette Töne gemildert, etwa durch *Verbena rigida* und *V. bonariensis*.
Um starke Kontraste aufzulösen, kann man auf verwandte Farbsorten zurückgreifen. Beim Gegensatz Blau – Orange beispielsweise kann das Blau aufgefächert werden in helles Blau *(Ageratum)*, Mittelblau (Mehlsalbei) und Dunkelblau (Vanilleblume). Das intensive Orange von *Cosmos sulphureus* wird durch das stumpfere Goldgelb von *Melampodium* gemildert.
Wer klare Töne aber liebt, den reinen Farbdreiklang Gelb, Rot,

Kleine und große Blüten ergänzen sich und sorgen so für Spannung in dieser Ton-in-Ton-Pflanzung.

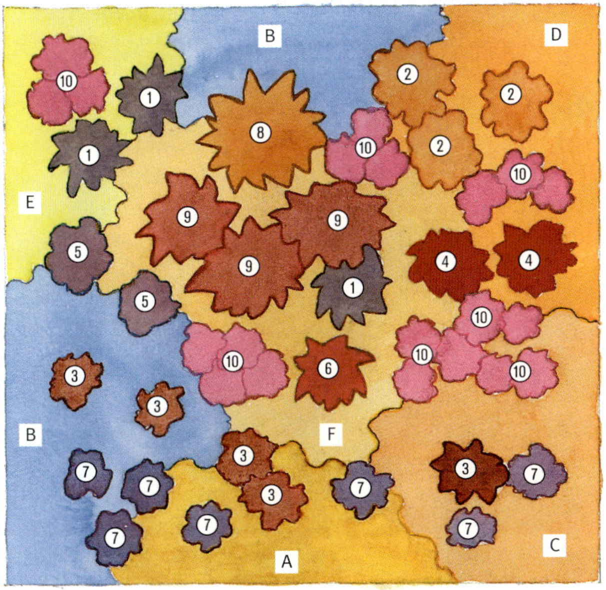

Sonniges Beet in Gelb, Blau und Rot (2 x 2 m)

A Goldtaler *(Asteriscus maritimus)*
B Leberbalsam *(Ageratum houstonianum* 'Blaue Donau')
C Husarenknopf *(Sanvitalia procumbens* 'Orange Spirit')
D Studentenblume *(Tagetes*-Patula-Hybride 'Disco Hellgelb')
E Tagetes tenuifolia 'Starfire' Mischung)
F Zinnie *(Zinnia-Hybride* 'Profusion Orange')
① Schwarznessel *(Perilla frutescens)*
② Sonnenhut *(Rudbeckia hirta* 'Marmalade')
③ Scharlachsalbei *(Salvia coccinea* 'Lady in Red')
④ Roter Mangold
⑤ Grünkohl 'Redbor'
⑥ Fuchsschwanz *(Amaranthus caudatus* 'Pony Tails')
⑦ Vanilleblume *(Heliotropium arborescens* 'Mini Marine')
⑧ Mexikanische Sonnenblume *(Tithonia rotundifolia* 'Fackel')
⑨ Dahlien 'Bishop of Llandaff'
⑩ Prachtlobelie *(Lobelia × speciosa* 'Fan Scharlach')

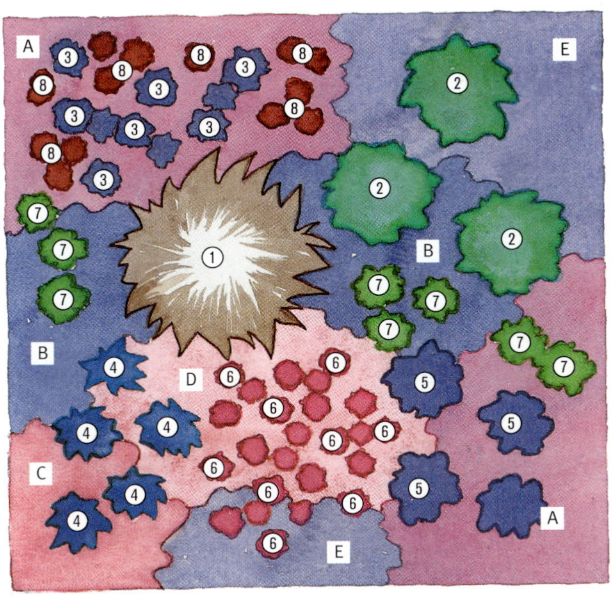

Sonniges Beet in Rosa und Blau (2 x 2 m)

A Leberbalsam *(Ageratum houstonianum)*
B Spanisches Gänseblümchen *(Erigeron karvinskianus)*
C Duftsteinrich *(Lobularia maritima,* rosaviolett)
D Elfenspiegel *(Nemesia strumosa* 'Sea Mist')
E Mittelhohes Eisenkraut *(Verbena rigida)*
① Federborstengras *(Pennisetum villosum)*
② Spinnenblume *(Cleome spinosa)* in Rosa, Weiß, Violett
③ Schleier-Eisenkraut *(Verbena bonariensis)*
④ Vanilleblume *(Heliotropium arborescens* 'Marine')
⑤ Leberbalsam *(Ageratum houstonianum* 'Schnittwunder')
⑥ Löwenmaul *(Antirrhinum majus* 'Sonett Rosa')
⑦ Silberblatt *(Senecio bicolor)*
⑧ Zinnie *(Zinnia elegans)* in Rosa

Kleine Gärten wirken größer, wenn weniger Farben und keine zu starken Kontraste eingesetzt werden. Pastelltöne und harmonische Farbverläufe wirken sich günstiger aus. Reichlich Blau im Hintergrund, sparsam verwendetes Gelb und Rot im Vordergrund geben dem Garten optische Weite.

Blau jedoch als zu aufregend empfindet, der kann eine der Farben durch weiß blühende oder graulaubige Pflanzen ersetzen und damit für eine farbliche Beruhigung des Beetes sorgen. Stark leuchtende Blüten werden auch durch Grün gemildert und harmonisiert. Pflanzen mit hohem Laubanteil wie die Muschelblume, Schnee-auf-dem-Berge, oder das reizende Zigarettenblümchen besänftigen ein allzu kräftiges Farbgemisch.

Als hübsche neutrale Vermittler zwischen blühenden Pflanzen können außerdem alle einjährigen Gräser und verschiedene silber- oder rotlaubige Blattschmuckpflanzen eingesetzt werden (siehe Seite 18–20). Viele Pflanzensortimente, vor allem auch Samen, werden als **Mischungen** angeboten. Die darin enthaltenen Farbtöne sind in der Regel harmonisch aufeinander abgestimmt. Dieses vielfältige Farbspiel kann man besonders bei Elfenspiegel, Trompetenzunge und Sommerazalee, Levkojen, Zinnien und Wicken beobachten. Je bunter die Zusammenstellungen sind, desto weniger können sich die Farben »beißen«. Geht es dagegen nur um zwei oder drei verschiedene Töne, beispielsweise beim Rot, entstehen sehr leicht Disharmonien, sobald in einem Rot der Blauanteil, im anderen der Gelbanteil überwiegt. Rosa lässt sich daher mit Scharlach oder Orange nur selten befriedigend kombinieren.

Dauerblüher und Allerweltsblumen wie Tagetes, Leberbalsam oder Feuersalbei für sonnige Standorte sowie Begonien aller Art und Fleißige Lieschen für die schattigeren Partien sind deshalb etwas in Verruf geraten, weil sie häufig miteinander vermischt werden, die lauten Farbtöne aber meist nicht harmonieren. Das Rosa der Eisbegonien *(Begonia semperflorens)* neben

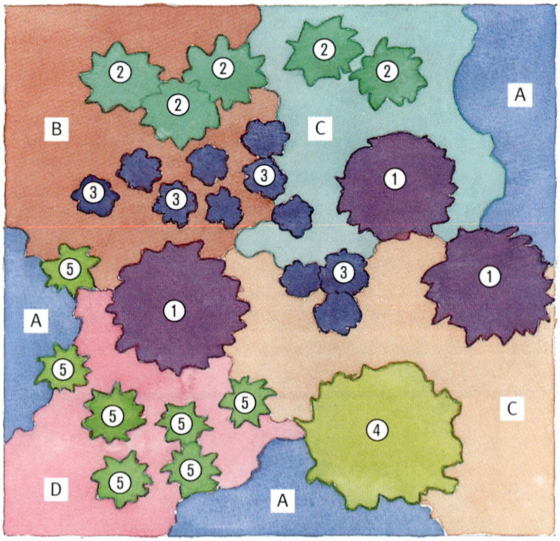

Ein Beet im Halbschatten (2 x 2 m)

- A Eisbegonie *(Begonia*-Semperflorens-Gruppe) in Rosa bzw. Rosa/Weiß, dunkellaubig
- B Edellieschen *(Impatiens*-Neuguinea-Gruppe) in Purpur
- C Fleißiges Lieschen *(Impatiens walleriana* 'Apfelblüte')
- D Männertreu *(Lobelia erinus)*
- ① Fuchsien als Büsche oder Hochstämmchen
- ② Ziertabak *(Nicotiana sylvestris)*
- ③ Prachtlobelien *(Lobelia × speciosa* 'Kompliment Mischung')
- ④ Schmuckkörbchen, Kosmee *(Cosmos bipinnatus* 'Sonata Weiß')
- ⑤ Mehlsalbei *(Salvia farinacea* 'Viktoria')

Zinnien in allen Farben und Größen gehören zu den dankbaren Dauerblühern unter den Einjährigen. Das Sträußeschneiden fördert die Nachblüte!

Farben und ihre Wirkung
Ob reine Farben wie Rot, Blau, Gelb oder die Mischfarben Rosa und Violett und auch das Weiß – sie schaffen im Garten eine besondere Atmosphäre. Dabei vermitteln die einzelnen Farbtöne ganz spezielle Stimmungen:
Weiß: Eine »unbunte« Farbe, die Gegensätze mildert, anderen Farben Helligkeit verleiht. Vornehmes Grau und Silber werden in ähnlicher Weise verwendet.
Gelb: Sonnig, warm, heiter. Grundfarbe – spannungsreicher Kontrast zu Violett.
Orange: Lebhaft, warm, aktiv.
Rot: Erregend, aggressiv, warm. Grundfarbe – Kontrast zu Grün.
Blau: Kühl, frisch, distanziert, ausgleichend, steigert die Wirkung anderer Farben. Grundfarbe – spannungsreich mit Orange.
Grün: Entsteht aus Gelb und Blau. Beruhigend, entspannend, neutralisiert und harmonisiert bunte Farben. Erzeugt Spannung mit Rot.
Violett/Purpur: Wirkt verbindend und vornehm.
Rosa: Romantisch, duftig, zart.
Schwarzbraun: Als Synonym für ganz dunkle Farben – »unbunt«; wirkt erdig und schwer, Kontrast zu hellen, warmen Gelb-Orange-Tönen.

dem kräftigen Goldgelb der Tagetes oder dem schreienden Rot des Salbeis ist gewagt. Andererseits ist das dankbare Standardsortiment jedoch unverzichtbar, wenn es um eine sommerlange Farbwirkung geht. Dann nutzt man zwar diese Pflanzengattungen, mischt die Farben jedoch behutsamer und setzt durch Kombinationen mit anderen Blumen wie Heliotrop, Mehlsalbei und Kosmeen neue Akzente.

Jedes Jahr aufs Neue experimentieren

Die Sortimente von Frühlings- und Sommerflor mit ihrer breiten Farbpalette bieten die Chance, Jahr für Jahr Flächen neu zu gestalten und dabei immer wieder andere Pflanzen zu testen. Gerät mal etwas daneben, hat man, im Gegensatz zu den dauerhaften Gartenbereichen, in der kommenden Saison kein Problem mehr damit. Bewährtes wird man dagegen gern wieder aufgreifen. So lassen sich im

Als gute Partner zu all den genannten Blumen haben sich die blauen oder silbrigen Sorten des Mehlsalbeis *(Salvia farinacea)* bewährt. Er gliedert, strukturiert und beruhigt sehr farbintensive Flächen und behält seine gute Form bis zum Ende der Saison. Auch die dunkelviolette *Verbena rigida* und ihre hellporzellanblaue Sorte 'Polaris' gehören zu den zuverlässig blühenden Sommerblumen, die farblich vermitteln können.

In der Kombination beispielsweise mit Salbei und Lobelien werden Allerweltsblumen wie die Eisbegonien zur wirkungsvollen Grundbepflanzung, die bis zum Frost durchhält.

Laufe der Zeit viele nützliche, manchmal auch traurige Erfahrungen sammeln. Ganz entscheidend sind diese Versuche von der Witterung geprägt, die ständig für Kapriolen sorgt und besonders die sonnen- und wärmeliebenden Pflanzen nicht optimal gedeihen lässt.

Formen und Strukturen

Beim Wechselflor stehen die Farben zwar im Vordergrund, aber neben dem Blühverhalten spielen Eigenschaften wie Blüten- und Wuchsform sowie die Höhe der Pflanzen als weitere wichtige Gestaltungsfaktoren eine Rolle. Sie sollten von Anfang an bei der Auswahl und Zuordnung der Pflanzen berücksichtigt werden. Pflanzen können straff aufrecht, horstartig, überhängend, buschig oder flächendeckend wachsen. Entscheidend für das gesamte Bild sind sowohl die Größe als auch die Wuchskraft der einzelnen Sorten – es soll keine Lücken geben, aber auch kein gegenseitiges Bedrängen.

Bei der Pflanzung werden im Allgemeinen die hochwachsenden Exemplare in der Rabatte nach hinten oder, wenn es sich um ein Inselbeet handelt, in die Mitte gerückt. Die Staffelung beginnt am Rand mit den niedrigsten Sorten und steigert sich nach innen. Oder es erheben sich einzelne Solitärpflanzen aus einem Teppich flachwachsender Blumen.

Darüber hinaus sind, ähnlich wie in einer Staudenrabatte, kontrastierende Blattformen und Strukturunterschiede wesentliche Elemente bei der Gestaltung.

Sommerblumenbeete kann man wie Staudenrabatten mit einer deutlichen Höhenstaffelung anlegen.

Unterschiedliche Formen und Strukturen, zum Beispiel schmale Rispen- und runde Korbblüten nebeneinander, lassen Pflanzungen lebendiger wirken.

Beispielsweise schaffen Blattschmuckpflanzen wie die samtige Buntnessel *(Coleus)* oder der glänzende *Ricinus* und die dunkelviolette *Perilla* schöne und beruhigende Kontraste in einer reinen Blütengesellschaft. Einen passenden Hintergrund kann der dunkelrote Fuchsschwanz *(Amaranthus)* mit buschigen aufrechten oder interessant überhängenden Blütenrispen liefern.

Pflanzen stützen

Viele der höheren Pflanzen neigen leider im Laufe des Sommers zum Kippen, vor allem wenn es sehr viel regnet. Es passt nicht zum meist lockeren Charakter der Sommerblumen und es sieht hässlich aus, wenn man sie an Stäben festbindet.
Auf einer Blumenrabatte, die ästhetischen Ansprüchen genügen soll, werden die Sorten daher höhenmäßig von vorne nach hinten gestaffelt und so ausgesucht, dass sie einander gegenseitig stützen können. Kräftiger Mehlsalbei oder die Sommerzypresse halten beispielsweise Schmuckkörbchen, Zinnien oder auch Sommerastern aufrecht.

Im Herbst den Frühling planen

Je nach Witterung werden die Beete im Oktober, wenn die große Blütenpracht des Sommers ein Ende hat, geräumt und auf die Frühlingsbepflanzung vorbereitet.

Im Frühjahr kann man sich durch geschicktes Überstellen eines Blumenteppichs mit unterschiedlichen Tulpen- und Narzissensorten wochenlang am Blütenflor erfreuen.

Im Frühling ist die Palette der Blumen wesentlich kleiner als später im Sommer, wenn man unter einer Menge von Sorten auswählen kann. Dafür stehen im Frühjahr neben Narzissen und verschiedenen kleinen Zwiebelgewächsen Hunderte von Tulpenzwiebelsorten zur Verfügung. Man kann zwischen hohen und niedrigen, frühen und späten, einfachen und gefüllten Sorten und unter allen nur denkbaren Farben wählen. Ein Großteil der Tulpen kommt im folgenden Jahr nicht mehr zur Blüte. Die Zwiebeln erschöpfen sich und gehen zugrunde. Es bilden sich jedoch Tochterzwiebeln. Deshalb empfiehlt es sich, diese an einem anderen Platz im Garten wieder einzupflanzen und dort verwildern zu lassen.

Für Unentschiedene gibt es eine einfache Lösung: Als Unterpflanzung für Tulpe und Co. werden die robusten Freilandstiefmütterchen gewählt, die es in weißen, gelben, blauen und roten Tönen gibt. Dann hält man am besten noch einige Plätze frei, um Mitte März die Frühlingsbeete mit den besonders schönen Farbsorten der F_1-Hybriden zu ergänzen.

Mit Stiefmütterchen in ausgefallenen Farben lässt sich die Wirkung ausdauernder Gartenpflanzen wie zum Beispiel den Kissenprimeln hervorragend unterstreichen.

Zwiebel- und Frühlingsblumen kombinieren

Die beste Wirkung erzielt man, wenn Tulpen, Narzissen und Hyazinthen aus einem Blumenteppich herauswachsen. Primeln, Violen, Vergissmeinnicht, Maßliebchen und Goldlack bilden die Bühne für den Auftritt der Zwiebelblumen. Sie blühen unermüdlich bis zur Umpflanzaktion nach den Eisheiligen.

Stiefmütterchen in Variationen

Die wichtigsten frühjahrsblühenden Blumen sind mit Abstand die Stiefmütterchen. Botanisch handelt es sich um *Viola*-Wittrockiana-Hybriden, von denen es viele verschiedene Gruppen gibt. Neuerdings werden auch vermehrt **Miniatursorten –** *Viola*-Cornuta-Hybriden – angeboten.

Ein wesentliches Kriterium bei diesen Blumen ist die Frosthärte, denn man möchte sie gern bereits im Herbst, gleichzeitig mit den Zwiebeln, setzen.
Die so genannten **F_1-Hybriden** – das sind neben den riesenblumigen auch all die hübschen neuen Sorten in zarten Pastellfarben – werden unter Glas gezogen und stehen erst ab März zum Verkauf bereit.
Sie sind selten so wüchsig und kräftig wie die bereits im **Herbst blühenden Freilandsorten.**
Wenn man Glück hat und der Winter mild bleibt, zeigen diese monatelang Farbe. Während die F_1-Hybriden im Frühjahr erst anwachsen müssen, stehen die überwinterten Violen bereits in voller Blüte. Doch es kann auch passieren, dass bei entsprechend schlechten Witterungsbedin-

gungen im zeitigen Frühjahr Schäden entstehen, von denen sich die Pflanzen erst langsam erholen – dann ist man mit den F_1-Hybriden natürlich im Vorteil. Frostresistenz und Wuchskraft werden allerdings mit geringerem Farbspiel und auch mit etwas kleineren Blüten erkauft. Was im Grunde nicht von Nachteil ist, denn auch die Riesenblüten der Hybriden werden im Laufe der Vegetationsperiode etwas kleiner.

Die verschiedenen Serien der winterharten Violen sind in 5 bis 10 Farbsorten verfügbar. Die 'Riesen Vorboten' etwa besitzen gegenüber den ebenfalls bewährten 'Weseler Eis' und 'Icequeen' ein größeres Farbspektrum. Eine interessante frostresistente Variante bilden die **F_2-Hybriden** mit ihren lustigen bunten Gesichtchen, z. B. die Joker-Serie mit der bekannten gelb-violetten 'Jolly Joker'. Aufgrund ihrer auffallenden Farben sind Kombinationen mit Zwiebelgewächsen und anderen Frühlingsblumen nicht einfach – eine Ausnahme bilden die farbverträglichen Narzissen oder Tulpen im gleichen Farbton.

Bei den *Viola*-F_1-Hybriden sind vor allem die Pastelltöne in unterschiedlichen Schattierungen interessant, wie Flieder- oder Lavendelfarben. Die zarten hellgelben Töne harmonieren mit roten Tulpen auch besser als die bekannten goldgelben Typen.

In klimatisch ungünstigen Zonen mit strengen Wintern ist man auch mit der Pflanzung der übrigen zweijährigen Frühjahrsblüher wie Maßliebchen, Vergissmeinnicht und Goldlack zurückhaltender und pflanzt sie ggf. im Frühjahr nach. Kleinere Beetflächen kann man nach Weihnachten sicherheitshalber mit Reisig schützen.

Bunte Frühlingspflanzungen

Auch bei einer Frühjahrsbepflanzung lässt sich der lockere wiesenartige oder Millefleurs-Stil umsetzen. Wichtig ist, auch für den farbkräftigen Frühlingsflor ein Konzept zu entwickeln, um Zwiebeln und Blumen harmonisch aufeinander abzustimmen. Es können leuchtend klare Farben gewählt werden, die bunt durcheinander gemischt werden – beispielsweise ein blauer Stiefmütterchen-Teppich, über dem weiße, gelbe und rote Tulpen schweben, durchsetzt mit einigen Gruppen aus Goldlack und Schöterich *(Erysimum)*, die über längere Zeit Akzente setzen – während Tulpen je nach Sorte und Witterung immer nur Blütezeiten von zwei bis drei Wochen haben.

Im Frühling ist die Pflanzenauswahl geringer als im Sommer, doch sie wird häufig nicht einmal ausgeschöpft – duftenden Goldlack findet man viel zu selten.

In formal gestalteten Beeten setzt man die Zwiebeln und Blumen im gleichmäßigen Verband. Ein lockeres natürliches Bild ergibt sich dagegen, wenn man die Zwiebeln aus den Tüten schüttet und sie so, wie sie fallen, auch pflanzt. Dieses Prinzip hat sich insbesondere beim Pflanzen von Narzissen und Kleinzwiebeln, beispielsweise Krokus, Traubenhyazinthen und Blausternchen, im Rasen oder in einer Wiese bewährt.

Wenn möglich, sollte der Goldlack noch ein oder zwei Jahre lang im Beet verbleiben, er wird dann kräftiger und blüht früher. Zartere Pastelltöne lassen sich mit einer Pflanzung aus Maßliebchen in Rosa-Rot-Weiß und Vergissmeinnicht in Hellblau-Rosa-Weiß erreichen. Passend dazu wird die Fläche mit weißen, rosa, roten und violetten Tulpen durchsetzt.
Um den Zeitraum von April bis Ende Mai auszufüllen, sollten immer mehrere Tulpensorten – frühe, mittelfrühe und späte – gepflanzt werden. Entweder mischt man die Sorten von vorneherein oder man bildet an bestimmten Stellen Schwerpunkte.

Wie geht man bei der Herbstpflanzung vor?
Bei der Pflanzung im Oktober gibt es zwei Möglichkeiten: Frühlingsblumen und Zwiebeln werden gleichzeitig gesetzt – das heißt, das Beet wird nur einmal betreten. Oder die Zwiebeln werden zuerst verteilt und dabei tief genug gesetzt, bevor die Blumen flächendeckend darüber gepflanzt werden. Falls die Tulpen, Narzissen und Kaiserkronen in geschlossenen Pulks stehen sollen, müssen die Muster oder Raster vorher genau abgesteckt werden. Will man zuerst einen Blumenteppich pflanzen und anschließend die Zwiebeln gruppenweise dazwischensetzen, besteht die Gefahr, die Blumen zu zertreten. Beim Nachpflanzen von Blumen im Frühjahr muss man darauf achten, die austreibenden Zwiebeln nicht zu beschädigen. Wenn die einzelnen Sorten im April oder Mai nacheinander abgeblüht sind, werden Blütenstiele und Samenansätze entfernt, das Laub soll langsam einziehen. Stehen die Zwiebelgewächse in einem Blumenteppich, sehen die Beete bis zur Zeit des Umpflanzens (nach den Eisheiligen) Mitte bis Ende Mai immer noch gut aus. Dann werden auch die Zwiebeln herausgenommen und bis zum nächsten Herbst trocken und luftig gelagert.

Primeln, Maßliebchen, Violen, Tulpen und Narzissen in vielen Sorten sind die wichtigsten Farbträger im Frühlingsgarten.

Der Goldtaler *(Asteriscus)* ist eine wunderbare Einfassungspflanze. Zusammen mit Heliotrop ergibt sich ein schöner Farbkontrast – Vanilleduft begleitet hier den Weg.

Die Planungen umsetzen

Nach den Eisheiligen (Mitte Mai), wenn die Spätfrostgefahr weitgehend vorüber ist, liegt der Termin für die große Umpflanzaktion auf Balkon, Terrasse und im Garten. Der Pflanzung oder Aussaat der wärmeliebenden Sommerblumen geht häufig schon ein längerer Planungsprozess voraus. Wer sich nicht nur auf spontane Käufe einlassen möchte, an deren Ende man dann ein buntes Sammelsurium im Garten vorfindet, der plant bereits im frühen Winter, was im Sommer auf den Beeten wachsen soll. Das ist nicht übertrieben, denn einige Arten müssen schon sehr zeitig im Jahr ausgesät werden, weil sie eine lange Kulturzeit haben. Ob es überhaupt sinnvoll ist, diese Blumen selbst heranzuziehen, hängt von den technischen Voraussetzungen ab – ob ein Kleingewächshaus oder Frühbeet zur Verfügung steht oder nur die Fensterbank, denn es ist schwierig, die Pflänzchen dort über einen längeren Zeitraum erfolgreich zu kultivieren. Genauere Angaben dazu finden Sie bei den jeweiligen Porträts (Seite 39ff.) bzw. auf den Samentütchen.
Ein anderes Kriterium betrifft die Beschaffung des Saatgutes. Nicht alle Sortimente sind trotz großer Auswahl in den Fachgeschäften und Gartencentern verfügbar. Wer aber im Voraus exakt plant und Farbkonzepte entwickelt, der legt auch Wert auf ganz bestimmte Sorten. Dann lohnt es sich, rechtzeitig die Kataloge zu studieren und auch Saatgut von Besonderheiten zu bestellen (Bezugsquellen finden Sie dazu im Anhang Seite 93).

auf einen blick

- Mit Frühlings- und Sommerblumen lässt sich ein Garten jährlich neu gestalten und in ein wahres Blütenmeer verwandeln.
- Ob Teppichbeet oder Millefleurs-Stil, ob vornehme Ton-in-Ton-Bepflanzung oder bunte Mischung – immer wieder kann man andere Kombinationen wählen und neue Erfahrungen sammeln.
- In kleinen Gärten sollte die Bepflanzung nur aus einigen wenigen Arten und Sorten bestehen und auch nicht allzu viele verschiedene Farben aufweisen.

Die schönsten Sommerblumen

Aus der Fülle ein- und zweijähriger Blumen kann man ganz nach Geschmack auswählen und Garten oder Terrasse zu einem frühlingshaften und sommerlichen Paradies werden lassen.

Die meisten Sommerblüher wünschen einen sonnigen und warmen Platz, doch viele gedeihen auch noch an hellen bis halbschattigen Standorten – die Symbole geben darüber ebenso Auskunft wie über Blütezeiten und Wuchshöhen.
Die Beschreibungen beziehen sich auf charakteristische Merkmale der wichtigsten Sorten. Weitere interessante Arten werden am Ende der Porträts vorgestellt.

Leberbalsam
Ageratum houstonianum

✿ 5–10 ⬆ 15–60 cm ○–◑

In ihrer Heimat Mexiko wächst diese bewährte himmelblaue Sommerblume strauchartig. Die zahlreichen Sorten bestechen durch ihre lange Blütezeit.
Merkmale: Buschiger Wuchs; niedrige Sorten kompakt, Schnittsorten locker verzweigt; Blätter weich, behaart, rundlich.

◀ Ton-in-Ton-Komposition aus flächig wachsenden Fleißigen Lieschen, Sommerphlox und Schmuckkörbchen der niedrigen 'Sonata'-Serie.

Blüte: Verschiedene Blautöne; einige Sorten violett oder weiß bzw. cremefarben. Die dichten Blütenköpfchen wirken samtig.
Sorten: Niedrige Beetsorten: 'Blaue Donau', mittelblau; 'Hawaii' in Blau, Violett und Weiß oder 'Neptune Blue', eine neue Sorte in kräftigem Blau. Schnittsorten: 'Blue Horizon' und 'Schnittwunder', auf kräftigen Stielen bis 60 cm hoch; 'Blauer Schnitt', 40–50 cm hoch.
Verwendung: Niedrige Sorten eignen sich zur flächigen Pflanzung, Abstand 15–20 cm. Schnittsorten lassen sich einzeln und in kleinen Gruppen zur Strukturierung oder als Füller zwischen Stauden verwenden. Gute Schnittblume.
Anzucht/Pflege: Aussaat oder Stecklinge im Januar/Februar. Lange Kulturdauer – darum Pflanzenkauf empfohlen!
Weitere Art: *Lonas annua* wird als Gelbes Ageratum bezeichnet. Es hat ähnlichen Charakter und passt gut zu allen blauen Leberbalsam-Sorten. 20–40 cm hoch, anspruchslos. Pflanzen nur mäßig feucht halten. Gut als Trockenblume.

Erklärungen zu den Symbolen:

Blattschmuckpflanze
🍃 die Pflanze wirkt vor allem durch ihr Blattwerk und ihren Wuchs.

Blütezeit
✿ 5–7 bedeutet Mai bis Juli. Dies bezieht sich auf die gesamte Spanne der Blütezeiten aller Sorten der jeweiligen Art.

Wuchshöhe
⬆ 20–40 cm bezieht sich auf die durchschnittliche Wuchshöhe aller Sorten dieser Art.

Lichtansprüche
○ heller, sonniger Standort
◑ halbschattiger Standort
● schattiger Standort

Hochwachsender Leberbalsam.

Zwei verschiedene Typen des Gartenfuchsschwanzes.

Gartenfuchsschwanz
Amaranthus caudatus/ A. paniculatus

✿ 7–10 ⬆ 30–100 cm ○–◑

Neben Gesamterscheinung und Blattwirkung lenken in erster Linie die prächtig überhängenden *(A. caudatus)* oder aufrecht stehenden Blütenstände *(A. paniculatus)* die Aufmerksamkeit auf sich.

Merkmale: Aufrecht, strauchartig verzweigt; robust mit langgestieltem, elliptischem Laub – hellgrün oder rotbraun.

Blüte: Die intensiv gefärbten Blütenähren sind sehr lang, aufrecht oder weich überhängend in dunklem Amarantrot, Grün oder Lachsfarben.

Sorten: Von *A. caudatus:* 'Pony Tails', 'Rotschwanz' oder 'Grünschwanz', 75–90 cm, mit lang herabhängenden Ähren.
Von *A. paniculatus:* 'Green Thumb' und der entsprechend rote Partner 'Pigmy Torch'; 'Oeschberg' mit dunkelroten Blütenständen, 'Monarch', beige-braune Rispen, alle 30–50 cm. Die aparte Sorte 'Kupfergold' wird 100 cm hoch.

Verwendung: Der Reiz des Amarants kommt entweder als Solitär oder als Gruppenpflanze zur Geltung, je nach Sorte bzw. Höhe. Buntblättrige Sorten sollte man farblich passenden Nachbarn zugesellen, z. B. gelben Tagetes und Rudbeckien. Interessante Schnittblumen.

Anzucht/Pflege: Aussaat März/April oder im Freiland Ende April. Kulturdauer 2–3 Monate. An günstigen Standorten Verbreitung durch Selbstaussaat.

Nach dem Entblättern lassen sich die Blütenstände gut trocknen und bereichern fantasievoll Gestecke oder Trockensträuße.

Löwenmäulchen
Antirrhinum majus

✿ 5–10 ⬆ 15–100 cm ○–◑

Kurzlebige Staude aus dem Mittelmeerraum. Eine der beliebtesten und haltbarsten Sommerblumen mit kuriosen Rachenblüten.

Merkmale: Wuchs buschig, an der Basis verzweigt, Blütenkerzen straff aufrecht. Neuzüchtung mit überhängenden Trieben (für Ampeln). Laub klein, unscheinbar, z. T. rötlich.

Blüte: Schmale, lange Blütenstände in Weiß, Gelb, Orange, Lachs, Rosa sowie herrlich warmen Rottönen – auch zweifarbig blühende Pflanzen. Meist als Einzelfarben sortiert! Mischungen sind sehr beliebt. Es gibt interessante Neuheiten mit offenen Blüten.

Sorten: Kompakte, kissenförmige Zwergsorten (15–20 cm) wie die teppichbildenden 'Floral Showers' und 'Chimes'. Halbhohe Sorten: 40–60 cm, z. B. die Sonett-Hybriden, standfest, mit kräftigen Stielen, dichten Blütenrispen und lang anhaltendem Flor; 'Ribbon', 40 cm. Neu: 'La Bella', 50 cm, mit offenen Blüten. Schnittsorten: 80–100 cm; als bewährte, gut verzweigende Serie gelten die Rocket-Hybriden mit bis zu 30 cm langen Blütenähren; 'Madame Butterfly', 70 cm, gefüllt blühend, für Beet und Schnitt.

Verwendung: Kleinwüchsige Sorten zur flächigen Bepflanzung, höheres Löwenmaul vor-

wiegend als Schnittblume auf gesonderten Beeten oder in gemischten Rabatten mit anderen Einjährigen und Stauden.
Anzucht/Pflege: Eigene Aussaat nicht empfehlenswert, da lange Kulturzeit; am besten Sämlinge oder Jungpflanzen kaufen. Stutzen fördert die Verzweigung und damit den Blütenansatz. Pflanzabstand 20–30 cm.
Rückschnitt nach dem ersten Flor regt eine weitere Blühperiode im Spätsommer an. Samenansätze unbedingt immer entfernen, nur in Einzelfällen zur Selbstaussaat stehen lassen. Haltbarer Vasenschmuck.

Löwenmäulchen eignen sich hervorragend als Beetpflanzen und als Schnittblumen.

Goldtaler
Asteriscus maritimus

✿ 5–10 ⬆ 25–30 cm ○

Robuste, dankbare Staude mit sternförmigen Blüten aus dem mediterranen Raum.
Merkmale: Breitbuschig und ausladend, polsterförmig bzw. überhängend (Ampel), mit leicht fleischigen Blättern und silbrig wirkender Behaarung.
Blüte: Goldgelbe, 3–4 cm große, einfache Margeritenblüte.
Sorten: 'Gold Coin', 'Gold Dollar' und 'Gnom' – mit etwas kompakterem Habitus und kleineren Blüten.

Goldtaler brauchen wenig Pflege.

Verwendung: Der Goldtaler eignet sich als Einfassung und zur Vorpflanzung und sorgt auf Beeten und Rabatten für eine gute Bodenbedeckung.
Anzucht/Pflege: Vermehrung durch Stecklinge im Spätsommer. Ein- bis zweimaliges Stutzen regt Verzweigung an. Pflanzabstand 25–30 cm. Verwelkte Blütenköpfchen entfernen, um den weiteren Flor zu verbessern.

Eisbegonien
Begonia- Semperflorens-Gruppe

✿ 5–10 ⬆ 15–45 cm ○–●

Die beliebten und pflegeleichten Dauerblüher sind aus der Palette der Einjährigen nicht mehr wegzudenken.

Eisbegonien gibt es mit dunklem und hellem Laub.

Merkmale: Die buschig wachsenden, gedrungenen Pflanzen besitzen sortentypisch grünes oder bronzefarbenes, fleischiges, glänzendes Laub.
Blüten: Kleine schalenförmige Einzelblüten mit vier Kronblättern in leuchtendem Rot, Rosa oder Weiß.
Sorten: Riesiges Sortiment. Man unterscheidet nach Wuchshöhen (meistens um 20 cm), Laub- und Blütenfarbe. Bewährt hat sich u. a. seit langem die 'Olympia'- Serie. Attraktiv wirken auch die dunkellaubigen 'Cocktail'-Sorten. Unter den größeren, etwa 30–40 cm hohen Begonien, die sich gut für gemischte Pflanzungen eignen, ist z. B. die 'Party'-Serie empfehlenswert.
Verwendung: Die bis zum Frost in Sonne oder Halbschatten kontinuierlich blühenden und selbstreinigenden Eisbegonien sind ideale Einfassungs- und Beetpflanzen. Hübsch sind Mischungen oder Einzelfarben in unterschiedlichen Höhen gruppenweise kombiniert. Aufgrund ihrer Anspruchslosigkeit auch für Gräber bestens geeignet.
Anzucht/Pflege: Langwierige Kultur, eigene Anzucht lohnt nicht – blühende Ware kaufen. Mitte Mai im Abstand von 20 cm setzen. Keine Staunässe! Besondere Sorten lassen sich auch aus Stecklingen ziehen.
Weitere Art:

- *Begonia*-Hybride 'Dragon Wings'– eine Neuheit, die mit ihren scharlachroten Blüten und dem lockeren, aber kräftigen, leicht überhängenden Wuchs (30–50 cm) etwas aus dem Rahmen fällt. Sie eignet sich hervorragend als Kübel-, Ampel- oder vereinzelt auch als Beetpflanze.

Knollenbegonien
Begonia-Tuberhybrida-Gruppe

✿ 5–10 ⬆ 20–60 cm ○–●

Staude aus subtropischen und tropischen Gebieten, die bei uns als Knolle frostfrei überwintert und wie Dahlien jährlich neu angetrieben werden kann.
Merkmale: Krautige, gedrungene Pflanze mit saftreichen Stängeln; große asymmetrische (schiefe) Blätter in hellen oder dunklen Grüntönen, stark geadert.
Blüte: Einfache, halb- oder gefüllte Formen. Blütendurchmesser zwischen 5 und 10 cm. Farben: Weiß, Gelb, Orange bis Lachs und viele Rottöne – häufig als Mischung.
Sorten: Ausgesprochen reiches Sortiment. Seit Jahren bewährt ist die kompakte 'Nonstop'-Serie mit großen gefüllten Blüten. Ähnlich sind die neueren dunkellaubigen 'Ornament'-Hybriden. Vielfach ausgezeichnet wurden die einfach, aber reichblühenden 'Pin-Up'-Typen mit guter Sonnenverträglichkeit;

Knollenbegonien gedeihen auch unter Bäumen.

Ringelblumen versamen sich leicht selbst.

<u>Hängeformen</u> (bis 60 cm) eignen sich vor allem für Kästen und Ampeln im lichten Schatten, etwa Farbsorten der Serien 'Panorama' und 'Illumination'.
Verwendung: Knollenbegonien gehören zu den wenigen Sommerblumen, die auch noch im Schatten unter Bäumen gedeihen, wenn es nicht zu trocken ist. Geeignet zur flächigen Bepflanzung von Rabatten, Schalen und Gräbern.
Anzucht/Pflege: Knollen im März antreiben. Dazu flach (hohle Seite oben) und dicht im Substrat auslegen, hell und warm stellen, mäßig gießen. Mitte/Ende Mai im Abstand von 25–30 cm auspflanzen. Zum Überwintern Knollen putzen, in trockenem Torf kühl und dunkel aufbewahren.

Ringelblume
Calendula officinalis

✿ 6–10 ⬆ 25–70 cm ○–◑

Die beliebte Heil- und Bauerngartenpflanze ist durch kompakt wachsende Neuzüchtungen wieder in Mode gekommen.
Merkmale: Breitbuschiger Wuchs, krautige, etwas »unordentlich« wachsende Pflanze. Frischgrünes Laub, rau behaart, mit charakteristischem Duft.
Blüte: Helle, goldgelbe oder orange Körbchen, meist mit dunkler Mitte. Einfache, halb gefüllte und gefüllte Sorten mit 5–6 cm Durchmesser.
Sorten: Kompakt und niedrig, 30–40 cm hoch ist die gefüllt blühende 'Fiesta Gitana'-Rasse – eine Mischung in unterschiedlichen, warmen Tönen. Andere, eher als Schnittblumen geeignete Sorten werden um die 50–70 cm hoch.
Verwendung: Als Beetpflanzen nur niedrige Formen wählen. Ringelblumen wirken auch als Füllpflanzen hübsch zwischen gelben und blauen Stauden. Im Gemüse- und Kräutergarten sind sie ein reizvoller Blickfang und obendrein noch essbar. Schnittblumen erst in voller Blüte ernten.
Anzucht/Pflege: Ringelblumen am besten ab März direkt ins Freiland säen. Durch Folgesaaten lässt sich die Blüte verlängern. Bei Herbstaussaat oder mit Vorkultur früherer Blühbeginn ab Juni. *Calendula* kann durch Selbstaussaat leicht lästig werden. Rascher Samenansatz, daher Verblühtes regelmäßig entfernen, um die Nachblüte anzuregen.

Die Ringelblume ist nicht nur ein Rohstoff für Heilsalben, sondern auch ein altbekanntes Färbemittel. In der Antike wurden die Blütenblätter als Ersatz für den kostbaren Safran genutzt, um Speisen zu würzen und zu färben. Heute werden die Zungenblüten hauptsächlich in Salaten und zum Dekorieren verwendet.

Die einfachen und gefüllten Sommerastern zählen zu den Spätblühern.

Sommeraster
Callistephus chinensis

✿ 7–9 ⬆ 20–100 cm ○–◐

Die Sommeraster zählt in Wuchs, Farbe, Form und Blütenaufbau wohl zu den vielfältigsten Korbblütlern.

Merkmale: Straff aufrechte Stiele, z. T. breitbuschig verzweigt. Blätter klein und schmal in sattem Grün.

Blüte: Je nach Sorte einfach bis dicht gefüllt mit röhren- und zungenförmigen Blütenblättern. Einige zeigen eine betonte Strahlen- oder Pomponform, die einfachen Sorten erinnern an bunte Margeriten. Ihre Blütengröße variiert zwischen 3 und 12 cm, die Farbskala reicht von Weiß und Creme über Rosa, Rot, Hell- und Dunkelblau bis zu Violett. Die Blühdauer der einzelnen Sorten erstreckt sich jeweils über etwa 4–6 Wochen.

Sorten: Man unterscheidet Hohe Sorten: 'Riesen-Prinzess'-Astern, gefüllt, 80–90 cm; 'Radar-Strahlen', 90 cm. Halbhohe: 'Pompon'-Astern, 50 bis 60 cm, spät; 'Straußenfeder', buschig, gelockte Blüten, 60 bis 70 cm; 'Paeonienblütige' mit heller Mitte, früh, 60 cm.
Niedrige: 'Zwerg-Pinocchio', gedrungener Wuchs, kleine, gefüllte Blüten in verschiedenen Farben, 20–25 cm.
Einfach blühende: 'Madeleine', Mischung aus fünf Farben, 60 cm; 'Ruhm von Genf' mit großen einfachen Blüten, 70 cm.

Verwendung: Sommerastern sind ausgezeichnete Schnittblumen. Halbhohe Sorten machen sich gut in gemischten Rabatten – beispielsweise lösen sie in der Blütezeit die kurzlebigeren Arten wie etwa Kornblumen und Rittersporn ab. Zwergformen eignen sich auch für flächige Pflanzungen.

Anzucht/Pflege: Aussaat März/April unter Glas oder im Mai ins Freiland. Pflanzweite 20–40 cm. Regelmäßiger Schnitt fördert den Blütenansatz. Den Sommer hindurch ausreichend wässern und düngen; das ist die beste Vorbeugung gegen die gefürchtete Asternwelke, bei der sich die Stängelbasis dunkel verfärbt.

Absolut resistente Sorten gibt es noch nicht, aber die 60 cm hohe, in allen Farben gefüllt blühende Serie 'Standy' mit heller Mitte ist unempfindlicher gegen die Erreger der Welkekrankheit (Fusarium und Verticillium-Pilze). Erkrankte Pflanzen auf keinen Fall auf den Kompost! Wichtig ist auch ein regelmäßiger Standortwechsel.

Kornblume
Centaurea cyanus

✿ 6–9 ⬆ 30–90 cm ○–◑

Die Kornblume zählt auf sandigen Lehmböden heute wieder zur weit verbreiteten Ackerbegleitflora. Aber auch Kulturformen bewahren noch ihren hübschen Wildcharakter.

Merkmale: Straff aufrechte Triebe, graufilzig behaart, Blätter schmal.

Blüte: Die einfachen und gefüllten, ca. 3 cm großen Blütenköpfchen sind azurblau, rosa oder weiß. Häufig werden Mischungen angeboten. Relativ kurze Blütezeit.

Sorten: 'Florence Blue' – eine neue kompakte Topf-/Beetsorte, 20–30 cm hoch, blüht über mehrere Wochen nach. Eine hohe Schnittsorte ist z. B. 'Blauer Junge'.

Verwendung: In naturnahen Beeten und im Bauerngarten erzielen Kornblumen neben Ringelblumen und Mohn eine prächtige Farbwirkung. Kornblumen sind bei laufender Ernte ergiebige Schnittblumen.

Anzucht/Pflege: Im zeitigen Frühjahr oder im Herbst kann direkt an Ort und Stelle gesät werden. Man verzieht die Pflänzchen später auf 15–20 cm. Kulturdauer vier Monate.

Weitere Art:

- Flockenblume *(Centaurea moschata)*, in zarten Pastellfarben ist eine duftende Verwandte der Kornblume.

Kornblumen besitzen trotz ihrer gefüllten Blüten Naturcharakter.

Wucherblume
Chrysanthemum segetum* und *C. carinatum* (jetzt: *Ismelia carinata)

✿ 6–9 ⬆ 40–80 cm ○

Eine ganze Reihe schöner Korbblütler aus der Verwandtschaft unserer Margeriten sind zur saisonalen Beetbepflanzung oder als Schnittblumen hervorragend geeignet.

Merkmale: Aufrecht verzweigter Wuchs, krautig, farnartiges, z. T. graugrünes Laub.

Blüte: Meist einfach mit ringförmiger andersfarbiger Zeichnung oder dunkler Mitte. Durchmesser ca. 5–10 cm.

Sorten: Beispiele sind 'Flammenspiel', 60 cm, kurze Kulturzeit; 'Frohe Mischung', 50 cm, wochenlang blühend mit schönem Farbspiel. 'Prado', 50 cm, golden mit dunkler Mitte, großblumig, langstielig. Eine reizvolle niedrige und buschige Neuheit ist die 'Static-Mischung'.

Verwendung: Gruppenweise in gemischte Pflanzungen einstreuen – passt auch zu Stauden. Hohe Sorten möglichst an kräftige Partner anlehnen – sie neigen zum Umfallen.

Anzucht/Pflege: Aussaat im zeitigen Frühjahr oder auch schon im Herbst, unter Glas mit Vorkultur oder direkt ins Freiland.

Die neuen niedrigen Sorten der Wucherblume sind standfest.

Auspflanzen bereits vor den Eisheiligen möglich. Abstand 30–40 cm. Relativ trockenheitsverträglich und anspruchslos.
Weitere Arten: Einfache kleinblütige Margeriten bis 30 cm, die als Flächendecker in Frage kommen, sind die Zwergstrauchmargerite, *Chrysanthemum* (jetzt: *Hymenostemma) paludosum* in Weiß mit gelbem Blütenboden und die goldgelbe Zwergwucherblume *C.* (jetzt: *Coleostephus) multicaulis.*
Als anspruchslose Partner von einjährigen und ausdauernden Pflanzen bietet sich das Mutterkraut, *Tanacetum parthenium,* an – kurzlebige Stauden mit hübschem gebuchtetem Laub.

Die zahlreichen Sorten mit unterschiedlichen Höhen, einfachen und gefüllten weißen oder gelben Blütenköpfchen sind gut geeignet, um Lücken zu füllen, bunte Pflanzungen zu beruhigen, und sie passen in alle naturnahen Gärten. Eine bewährte mittelgroße einfachblühende Sorte ist 'Roya' oder 'Tetraweiß' als gefüllte Form. Bei Blattlausbefall entsprechende Triebe rasch entfernen.
Die beliebten Strauchmargeriten, *Argyranthemum frutescens*, hauptsächlich als Topf- und Kübelpflanze angeboten, eignen sich zum Einstreuen in die bunten Sommerpflanzungen. Sie müssen jedoch regelmäßig ausgeputzt werden, sonst versagen sie. Eine bewährte weiße Sorte ist 'Dana'. Die gelbe, reichblühende Sorte 'Butterfly' ist besonders pflegeleicht und deshalb empfehlenswert.

Sommerazalee, Atlasblume
Clarkia (Syn.: *Godetia) amoena*

✿ 6–8 ⬆ 20–60 cm ○

Die farbenprächtigen Godetien werden viel zu selten angebaut. Sie gehören zu den kurzlebigen, aber einfach zu kultivierenden Sommerblumen.
Merkmale: Buschiger Wuchs, Laub schmal, dunkelolivgrün. Aus den oberen Blattachseln entwickeln sich die Blüten.
Blüte: Die weißen, rosa und roten Blumen an den Triebspitzen erinnern an Azaleenblüten. Der 5–8 cm breite einfache oder gefüllte Blütenkelch glänzt zum Teil seidig.
Sorten: Verschiedene Mischungen wie 'Azaleenschau', 45 cm, gefüllt; 'Satin'-Serie, 20–30 cm, mit großen Blüten. Außerdem die langstieligen Hybriden 'Grace' mit einfacher Blüte, 50–60 cm hoch, als Mischung und in sechs Einzelfarben; 'Kelvedon', lachsrosa-orange, einfach; 'Cattleya', hellviolett, gefüllt.

Verwendung: Schnitt- und Beetpflanze, niedrige Sorten für Schmuckbeete und Steingärten.
Anzucht/Pflege: Aussaat im März/April – auch schon im Herbst möglich – direkt an Ort und Stelle (Pfahlwurzeln) oder mit Vorkultur, d. h. in Töpfe pikieren. Pflanzabstand 25–30 cm. Sommerazaleen bevorzugen einen sonnig-warmen Standort. Nur mäßig düngen. Folgesaaten verlängern die Blütezeit.
Weitere Art: Ähnliche Wirkung und Ansprüche hat das hübsche Mandelröschen, *Clarkia unguiculata* (Syn.: *C. elegans).*

Godetien eignen sich gut zur Direktsaat.

Spinnenblume
Cleome spinosa

✿ 7–10 ⬆ 80–130 cm ○

Cleome-Arten gedeihen ursprünglich in trocken-warmen Gebieten Süd- und Nordamerikas sowie Afrikas. Die extrem langen Staubblätter der Einzelblüten bilden einen eigentümlichen Zierwert, der den deutschen Namen verständlich macht.
Merkmale: Aufrechter Wuchs mit lockerer, mehr oder weniger starker Verzweigung; Stängel und Blätter sind behaart und leicht klebrig, zuweilen auch dornig. Die dekorativen Blätter handförmig gelappt.
Blüte: Weiß bis purpur, lang gestielt an locker aufgebauten Trauben, die im Laufe des Sommers an Länge gewinnen. Sie erheben sich wirkungsvoll über dem Laub. Zusätzlichen Schmuck bilden die Früchte.
Sorten: Wichtige Sorten, die etwa 90 cm Höhe erreichen: 'Helen Campell', reinweiß; 'Rosakönigin', hellrosa; 'Kirschkönigin', karminrosa; 'Violettkönigin', dunkelviolett. Reizvoll sind Farbmischungen.
Verwendung: Ideale Solitärpflanze auf den Schmuckbeeten oder gruppenweise als Ergänzung der Staudenrabatte. Die bizarren Spinnenpflanzen eignen sich zur Einzelstellung vor Zäunen und Mauern oder im Kontrast dazu auch als strenge Reihe.

Spinnenblumen – hübsch als Mischung.

Anzucht/Pflege: Aussaat im Haus ab März; Keimdauer 2–3 Wochen bei 18 °C. Ein- bis zweimal pikieren. Pflanzabstand mindestens 50 cm auf nährstoffreichem, sandig-lehmigem Boden in warmer und vollsonniger Lage. Nässe beeinträchtigt die Entwicklung.

Buntnessel
***Coleus*-Blumei-Hybriden**
(jetzt: *Solenostemon scutellarioides*)

20–50 cm

Ihre lebhaft gefärbten Blätter verleihen der Buntnessel nahezu unbegrenzte Verwendungsmöglichkeiten. Obgleich sie gerne auf der sonnigen Fensterbank überwintert, eignet sie sich besonders für die etwas schattigeren Partien im Garten.
Merkmale: Breitbuschiger Wuchs, kantige Stiele. Laub gegenständig, ei- bis herzförmig und andere Formen, samtig weich behaart. Ausgeprägte Zeichnung und Farbgebung in Grün, Braun, Gelb und Rot – meist mehrfarbig.
Blüte: Hellblaue, eher unauffällige Rispen erscheinen in den Sommermonaten über dem Laub.
Sorten: Samen-Mischungen wie 'Wizard', 15–25 cm, kleinblättrig, kompakt, spätblühend; 'Carefree', 30 cm, eichenblättrig oder 'Meisterfarbmischung' mit lebhaftem Farbspiel und unterschiedlichen Laubformen.
Hybriden: 'Sabre-Klasse', vielfarbig, Blätter lang und säbelförmig; eine der bekanntesten ist 'Salmon Lace' – rot mit grüngelbem Rand.
Verwendung: In Teppichbeeten und bunten Rabatten – vorzugsweise im Halbschatten, denn hier entwickeln sich die Farben am besten. Bei der Kombination mit Partnern unbedingt die Wirkung des bunten Laubes berücksichtigen. Gute Topf- und Kübelpflanze.
Anzucht/Pflege: Aussaat Februar/März oder im März/April. Von überwinterten Pflanzen Stecklinge schneiden. Stutzen! Pflanzabstand 25–30 cm. Buntnesseln benötigen humosen, feuchten Boden. Triebe immer wieder entspitzen, um eine Blüte zu verhindern.

Farbenprächtige Buntnesseln.

Mädchenauge
Coreopsis tinctoria, C. grandiflora

6–9 30–100 cm

Bei den Mädchenaugen aus den Prärien Nordamerikas handelt es sich um kurzlebige Stauden, die aber als Sommerblumen auch einjährig kultiviert werden können. Robuste Gruppenpflanzen – auch zur Schnittblumengewinnung.
Merkmale: Die zarten Triebe von *C. tinctoria* sind fein verzweigt, das Laub stark gefiedert. Im Habitus und Charakter ähnelt dieses Mädchenauge den Kosmeen. *C. grandiflora* ist im ganzen Aufbau viel kräftiger, der Wuchs gedrungener.
Blüte: Die zahlreichen langgestielte Blütenköpfchen sind ein- oder mehrfarbig, mittig oft bräunlich bis rot gefärbt, einfach und bei *C. grandiflora* z. T. auch gefüllt. Die Grundfarbe ist jedoch meistens ein leuchtendes Gelb.
Sorten: Von *C. tinctoria*: Mischungen hoher Sorten oder 'Goldstar', 25–30 cm zur Beetbepflanzung.
Von *C. grandiflora:* 'Early Sunrise', gelb, gefüllt, 35–40 cm, buschig, im 2. Standjahr höher und früher blühend. 'Sonnenkind', 40 cm, gelb mit brauner Zeichnung, kompakter Massenblüher.

Coreopsis tinctoria zeigt lockeren Wuchs.

'Schnittgold', 90 cm, lange Stiele für die Vase.
Verwendung: *C. tinctoria* mit ihrem Wildpflanzencharakter Anziehungspunkt für viele Insekten, eignet sich für alle naturnahen Pflanzungen. In der Rabatte benötigen sie etwas Halt durch ihre Nachbarn.
Anzucht/Pflege: Aussaat unter Glas im März oder ab April direkt an Ort und Stelle – auf 20 cm vereinzeln. Blüten regelmäßig ausputzen und Sträuße schneiden oder kräftiger Rückschnitt nach der ersten Blühphase.

Schmuckkörbchen, Kosmee
Cosmos bipinnatus

✿ 7–10 ⬆ 60–140 cm ○–◑

Die Korbblütler aus Mittel- und Südamerika zählen zu den klassischen Sommerblumen, die kaum in einem Garten fehlen. Sie versamen leicht und tauchen im folgenden Jahr manchmal an den unterschiedlichsten Plätzen wieder auf.
Merkmale: Sortenabhängiger Wuchs, aufrecht und breitbuschig, reich verzweigt. Der lockere Pflanzenaufbau der höheren Sorten führt leicht zum Kippen. Das sehr fein gefiederte, hellgrüne Laub alleine besitzt schon einen gewissen Zierwert. Die großen Blütenschalen stehen in reizvollem Kontrast dazu.
Blüte: Zarte Pastellfarben – Weiß, Rosa, Karmin – mit leuchtend gelben Staubgefäßen in der Mitte. Schalenförmige Margeritenblüten von 7–9 cm Durchmesser. Hauptblüte im Spätsommer, bis zum Frost anhaltend.
Sorten: Neben den altbekannten Typen gibt es heute auch aparte Mischungen wie die 'Sea Shells' mit trichterförmig eingerollten Blütenblättern. Sehr beliebt, weil kompakt und standfester, ist die niedrigere 'Sonata'-Serie, ca. 60 cm hoch und 40–50 cm breit, in verschiedenen Rosa-Tönen; die preisgekrönte weiße 'Sonata' ist besonders vielseitig einsetzbar.
Verwendung: Als Leitpflanzen in bunten Sommerblumenbeeten und als Füllpflanzen in der Staudenrabatte – bei Bedarf vorsichtig anbinden. Einfache hohe Sorten sind besonders passend im Bauern- und Naturgarten. Haltbare Schnittblume.
Anzucht/Pflege: Freilandaussaat erst Ende April/ Mai mit Vorkultur oder direkt an Ort und Stelle. Regelmäßiges Ausschneiden der verwelkten Blüten ist zwar mühsam, sorgt jedoch immer wieder für neuen Knospenansatz.

Kosmeen blühen bis zum Frost.

Cosmos sulphureus in weithin leuchtendem Orange.

Orangen-Schmuckkörbchen
Cosmos sulphureus

✿ 7–9 ⬆ 30–80 cm ○

Diese zierliche Verwandte der Kosmee hat allein durch ihre Farbe einen völlig anderen Charakter. Dem zarten Pastell stehen hier weithin leuchtende Töne gegenüber.
Merkmale: Krautige, locker aufgebaute Pflanze mit etwas sparrigem Wuchs (Breite 40–50 cm). Zarte Gewächse, die Nachbarn nicht bedrängen. Die gefiederten Blätter sind etwas gröber als bei *C. bipinnatus*.
Blüte: Leuchtend Gelb, Orange bis hin zu hellem Rot – je nach Sorte. Blüten meist leicht gefüllt, mit einem Durchmesser von etwa 5 cm.
Sorten: 'Lichterfest' nennt sich eine hübsche Mischung unterschiedlicher Töne von Hellgelb bis Tieforange; bis 60 cm hoch. Ähnlich ist die dunkelorange 'Diabolo'. Höher wird die Sorte 'Sunset'. Neu sind die kompakten 'Cosmic'- oder 'Ladybird'-Sorten in Gelb und Orange. Mit 30–40 cm Wuchshöhe und kugeligem Aufbau liegen sie ganz im Trend. Die halbgefüllten Blumen stehen dicht über dem Laub und setzen früher mit der Blüte ein. Sie eignen sich speziell zur Vorpflanzung und bedecken den Boden gut.
Verwendung/Anzucht/Pflege: Siehe *C. bipinnatus*.

Zigarettenblümchen, Köcherblümchen
Cuphea ignea

✿ 5–10 ⬆ 25–30 cm ○–◑

Cuphea aus Mexiko wirkt auf den ersten Blick eher unauffällig, ist aber sehr robust und blüht monatelang unermüdlich.
Merkmale: Vielfach verzweigter, breitbuschiger Halbstrauch mit kleinen, dunkelgrün glänzenden Blättchen.
Blüte: Feuerrote Blütenröhrchen, deren Öffnung eine schwarzgraue Zeichnung zeigt, wachsen auf kurzen Stielchen aus den Blattachseln heraus und erinnern an brennende Zigaretten.
Sorten: 'Medaillon' mit granatroten Köchern oder die scharlachrote 'Rotweiß' mit weißem Außenrand.
Verwendung: Das Zigarettenblümchen sollte seinen Charme am besten als Einfassung direkt am Wegrand entfalten. Es eignet sich auch als Bodendecker und für Gefäße – gut im Halbschatten.
Anzucht/Pflege: Bei eigener Aussaat im März unter Glas rechtzeitig entspitzen, um eine buschige Verzweigung zu erzielen. Pflanzabstand 30–40 cm. Ausgesprochen pflegeleicht!

Zigarettenblümchen mit interessant gefärbten Blüten.

Cuphea hyssopifolia – die Sommermyrte.

Weitere Arten:

- *C. hyssopifolia* – eine zierliche strauchartige Pflanze mit dünnen Zweigen, an denen winzigen rosa, violette und weiße Blütchen sitzen. Hübscher lockerer Wuchs. Unempfindlich und schattenverträglich! Geeignet für Beet-, Schalen- und Grabbepflanzung.
- *Cuphea llavea*, eine neue attraktive Ampel- und Kübelpflanze, die wegen ihres lustigen Aussehens auch Mickymaus-Pflanze genannt wird. Die 3–4 cm großen Blüten besitzen zwei leuchtend rote »Ohren« und ein dunkles »Gesichtchen« als Blickfang.

Rittersporn
Delphinium consolida
(jetzt: *Consolida regalis*),
***D. ajacis* (jetzt: *Consolida ajacis*)**
D. grandiflorum

✿ 6–8 ⬆ 30–120 cm ○

Von den beliebten Rittersporn-Arten ist *D. grandiflorum* als kurzlebige Staude zu empfehlen, die jedoch wie die einjährigen Feld- und Gartenrittersporne angebaut wird. Die Zuordnung der Sorten ist hier nicht ganz eindeutig. Wichtig ist aber der Wuchscharakter.

Merkmale: Krautig, eintriebig, straff aufrechter oder sparrig verzweigter Wuchs. Laub mehrfach fein oder handförmig geteilt.

Blüte: Leuchtende Blautöne, außerdem Blütentrauben in Violett, Rosa und Weiß.

Sorten: Von *D. grandiflorum:* 'Blauer Spiegel' und 'Blue Ocean' azurblau, alle 30–50 cm. Feld- oder Sommerrittersporn (*D. consolida*), bis 110 cm, mit langen, dicht besetzten Rispen in sieben Einzelfarben und als Farbmischung. Gartenrittersporn (*D. ajacis*), 50–120 cm, in Blau, Weiß, Rot oder Rosa.

Verwendung: Der buschige und niedrigere *D. grandiflorum* ist eine hervorragende Beetpflanze, um Lücken zu füllen; er passt auch gut in Steingärten. Die hohen Sorten sind vor allem hübsche Schnittblumen und eignen sich gut zum Trocknen.

Anzucht/Pflege: Direktsaat im Freiland im März/April oder auch Oktober/November mit leichtem Winterschutz. Endgültiger Pflanzabstand 20–30 cm. Durch regelmäßigen Schnitt treiben auch die Seitenknospen aus und sorgen für eine Verlängerung der Blütezeit.

Delphinium consolida in Blau.

Der Goldmohn entfaltet erst bei Sonnenschein seine volle Schönheit.

Spanisches Gänseblümchen
Erigeron karvinskianus

✿ 5–10 ⬆ 20–30 cm ○–◑

Die zierliche Verwandte unseres Gänseblümchens überrascht durch ihre Genügsamkeit. Selbst in ungünstigen Lagen entfaltet sie noch zahlreiche Blüten, und milde Winter übersteht sie schadlos.

Merkmale: Horstbildender, leicht buschiger Wuchs, überhängend. Zarte Stiele mit schmalem Laub.

Blüte: Aus weiß umringten Blütenköpfchen entwickeln sich Strahlenblüten in zartem Rosa. Der Blumenflor hält den ganzen Sommer über an.

Sorten: 'Blütenmeer', weiß bis zartrosa, kompakt, reichblühend.

Spanisches Gänseblümchen in zartem Pastell.

Verwendung: Hervorragend als Einfassung und Unterpflanzung, etwa von Rosenhochstämmchen, geeignet. *Erigeron* ist auch eine ideale Steingartenpflanze und gedeiht sogar noch in Mauerfugen. Die zarten Pflänzchen sollten nicht durch wuchsstarke Nachbarn beeinträchtigt werden.

Anzucht/Pflege: Aussaat Anfang März unter Glas; Kulturdauer 3–4 Monate. Humose Erde mit mäßigem Nährstoffangebot. Pflegeleicht!

Kalifornischer Goldmohn, Schlafmützchen
Eschscholzia californica

✿ 5–9 ⬆ 30–40 cm ○

Für das seidig wirkende Mohngewächs gibt es sicher auch im kleinsten Garten ein warmes Sonnenplätzchen. Die Blumen besitzen aber einen Schönheitsfehler: Sie öffnen sich nur bei Sonnenschein.

Merkmale: Locker verzweigter Wuchs, krautig, mit feingefiedertem, silbrig schimmerndem Laub.

Blüte: Trichter- oder schalenförmig, 5–6 cm breit, von einfach bis gefüllt in allen Pastellfarben von Creme über Gelb zu allen orangeroten Schattierungen.

Sorten: Prachtmischung einfachblühender Farbsorten, 40 cm, oder Einzelfarben wie die scharlachrote 'Dali' mit gelber Mitte, 30 cm hoch.

Verwendung: Gut geeignet zur Bedeckung größerer Flächen oder für Kies- und Steingärten. Anspruchslos; magere, trockene, durchlässige Standorte werden bevorzugt.

Anzucht/Pflege: Aussaat März bis Mai direkt an Ort und Stelle, da ein Verpflanzen wegen der Pfahlwurzeln ungünstig ist. Bei Vorkultur gleich in Töpfe pikieren. Aussaat im Herbst möglich oder Vermehrung durch Selbstaussaat, dann frühere Blüte.

Weitere Art:

- Das Portulakröschen (*Portulaca grandiflora)*, 20–25 cm ist ähnlich in seinen Ansprüchen, im Verhalten und der Verwendung. Es besitzt allerdings fleischige Stängel und Blättchen – und keine Pfahlwurzeln!

Prachtkerze
Gaura lindheimeri

✿ 7–10 ⬆ 60–100 cm ○

Gaura ist eigentlich eine kurzlebige Staude und in ihrer naturhaften Wirkung einer Graslilie ähnlich – eine zauberhafte Ergänzung für viele Sommerblumen- und Staudenrabatten. Die unermüdlich bis zum Frost blühende Pflanze überwintert im milden Klima und wächst im zweiten Jahr zu einem kräftigen, grasähnlichen Horst heran.

Merkmale: Buschiger Wuchs mit locker überhängenden, zarten Trieben, schmales Laub.

Blüte: Endständige Rispen mit weißen oder rosafarbenen kleinen Blüten und langen Staubgefäßen, die an Schmetterlinge erinnern.

Sorten: 'Elfenspiegel', zartrosa überhaucht, und 'Schneekerze', ganz in Weiß.

Verwendung: Zur Überstellung und Strukturierung niedriger Teppichbeete oder in Kombination mit farbigen Partnern, um eine Schleierwirkung zu erzielen. Schön auch als dichter Bestand vor dunklem Hintergrund und zusammen mit Gräsern und Wildblumen.

Anzucht/Pflege: Aussaat unter Glas im März. Abhärten und bereits Anfang Mai auspflanzen. Abstand 40–50 cm. Verträgt Trockenheit sehr gut. Blüht nach Überwinterung im Folgejahr früher.

Mittagsblume, Mittagsgold
Gazania-Hybriden

✿ 6–10 ⬆ 14–30 cm ○

Die hübschen Sonnenanbeterinnen aus Südafrika haben es in manchen regnerischen Sommern bei uns besonders schwer, denn sie schließen ihre Blütenkörbchen bei Niederschlag und Dunkelheit. Die neuen Sorten bleiben länger geöffnet.

Prachtkerzen bestechen durch lockeren Wuchs.

Merkmale: Die Blütenstiele erheben sich aus flachen, dunkelgrün glänzenden oder graufilzigen Blattrosetten.

Ähnliche Ansprüche an Standort und Pflege wie die Mittagsblume haben auch all die hübschen südafrikanischen Verwandten mit ihren Margeritenblüten, z. B. das Kapkörbchen *(Osteospermum,* Syn.: *Dimorphotheca)* in vielen neuen Farbsorten; das Bärenohr *(Arctotis)*, die Bärenkamille *(Ursinia)* und die reizende kleine blaue Kapaster *(Felicia)*.

Blüte: Die einzelnstehenden Blütenteller sind bis zu 10 cm breit. Die Farbpalette reicht von Weiß über Gelb- und Orangetöne bis Rot sowie allen Nuancen von Bronze bis Braun.
Sorten: Vielfach mit Preisen ausgezeichnet sind die 'Mini Star'-Reihe und die etwas höheren zweifarbigen 'Daybreak'-Sorten sowie 'Talent' in Gelb und als Mischung – die ersten samenvermehrbaren Zwergformen mit zusätzlich schmückender silbriger Belaubung.
Verwendung: Zur Einfassung und als niedrige Randbepflanzung für Rabatten, Stein- und Kiesgärten, Schalen und an Wegrändern.

Gazanien sind Sonnenkinder.

Sonnenblumen gibt es in jeder Größe. Hier ist die schwefelgelbe Sorte 'Valentin'.

Anzucht/Pflege: Lange Kulturzeit – Kauf zu empfehlen. Voraussetzung für eine lang anhaltende, reiche Blüte ist ein warmer, vollsonniger Standort auf leichtem Boden bei mäßigen Düngergaben. Abstand 20 cm.

Sonnenblume
Helianthus annuus, H. debilis

✿ 7–10 ⬆ 30–300 cm ○

Sonnenblumen stammen alle aus Nordamerika. Neben ausdauernden Stauden gibt es eine ganze Reihe unterschiedlich wachsender Einjähriger. Nutz- und Zierwert halten sich die Waage. Die Kultur ist äußerst einfach. Kinder bevorzugen sie wegen ihres ungestümen Wachstums und ihrer Größe.
Merkmale: Wuchs straff aufrecht, kräftige Stiele, die an der Spitze mehr oder weniger verzweigt sind. Laub dunkelgrün und rau, großflächig, oft herzförmig.
Blüte: Von hellem Schwefelgelb über Gold, Orange, Rotbraun – oft zweifarbig – bis hin zu Dunkelbraun reicht die Farbpalette. Die Blüten sind meist einfach, besitzen häufig einen dunklen Blütenboden, der von einem Kranz zungenförmiger Blütenblätter umgeben ist.

Sorten: Die Palette unterscheidet sich in Höhe, Verzweigung und Blütengröße. Niedrige Sorten: 'Teddybär' gefüllt, 40 cm. Halbhohe preisgekrönte Neuheiten: 'Musicbox', 80 cm, verzweigter Wuchs, schönes Farbenspiel von hell bis dunkel. 'Floristan', 100 cm, rotbraun mit hellem Rand und dunkler Scheibe, die hellgelben 'Valentin' und 'Ikarus', 150 cm, die orange farbenen 'Sonja', 100 cm, und 'Soraya', 150 cm, alle gut verzweigt mit dunkler Mitte. Die 10–15 cm großen Blüten sind einfach. Neue nicht verzweigende, pollenfreie Hybriden (wichtig bei Schnittblumen!) sind 'Sunrich Lemon' und 'Sunrich Orange' mit Höhen zwischen 90 und 150 cm. *H. debilis* ist eine besonders kleinblütige, reichverzweigte Art mit 150 cm. Hohe Sorten zwischen 200 und 250 cm: 'Abendsonne', 'Herbstschönheit' oder 'Goldener Neger'. Reizvoll sind auch stark gefüllte Sorten wie die goldgelbe 'Hohe Sonnengold' mit 150–180 cm.

Verwendung: Riesensonnenblumen einzeln oder in kleinen Gruppen sind ein wundervoller Blickfang am Haus oder Zaun oder in einer weniger attraktiven Ecke des Gartens. Als Solitärpflanzen im Beet eignen sich besser die standfesten halbhohen Sorten.

Anzucht/Pflege: Aussaat April/Mai an Ort und Stelle oder einfache Vorkultur im Haus. Pflanzabstand 40–60 cm. Sonnenblumen entwickeln sich entsprechend dem vorhandenen Wasser- und Nährstoffangebot. Die voluminösen Pflanzen vertragen jedoch keine Nässe.

Als Schnittblumen versagen Sonnenblumen häufig, wenn die Stielenden nicht in kochendes Wasser getaucht werden. Die letzten Blüten lässt man gerne ausreifen und als Vogelfutter stehen. Auf diese Weise versamen sich die Pflanzen auch von selbst.

Vanilleblume, Sonnenwende
Heliotropium aborescens

✿ 6–10 ⬆ 30–50 cm ○–◑

Die wärmebedürftigen Sträucher aus Südamerika erreichen dort eine Höhe von über einem Meter. Unsere Gartenformen mit den tiefblauen, duftenden Blütenständen locken Bienen und Schmetterlinge an. Alle Teile sind giftig.

Merkmale: Krautige, später verholzende, stark verästelte Büsche mit dunkelgrünen, runzeligen Blättern.

Duftende Vanilleblumen sollten in keinem Garten fehlen.

Blüte: Blauviolett (selten auch weiß). Als großer Blütenschirm stehen die Einzelblütchen in Dolden über dem Laub; gut nachblühend.
Sorten: 'Marine', dunkel blauviolett, 50 cm, stark duftend; 'Mini Marine', tiefblau, 30–40 cm, mit dunklerem Laub; 'Atlanta', wächst kompakter.
Verwendung: Für Gefäße oder Beet in Kombination mit gelben und weißen Blumen, hübsch auch eine Verbindung mit zartrosa und purpur blühenden Nachbarn.
Anzucht/Pflege: Lange, aufwändige Kultur – besser Zukauf, am besten Jungpflanzen mit gutem Knospenansatz (erleichtert das Anwachsen). In Einzelfällen Stecklinge im Spätsommer schneiden. Sehr wärmebedürftige Pflanze, bevorzugt leichte, durchlässige Böden. Ballentrockenheit oder Staunässe führen rasch zu Blattschäden oder zum Absterben.

Die Vanilleblume sollte man immer in der Nähe des Hauses, am Eingang oder entlang des Gartenweges pflanzen, um den süßen Vanilleduft bei jeder Gelegenheit genießen zu können.

Schleifenblumen gehören zu den kurzlebigeren Sommerblumen.

Schleifenblume
Iberis amara, I. umbellata

✿ 5–8 ⬆ 20–40 cm ○–◑

Die einjährigen Kräuter sind attraktive, leicht zu kultivierende Gartenblumen. Sie werden gern von Bienen besucht, duften und eignen sich als Schnittblumen.
Merkmale: Aufrechter Wuchs, Stängel im oberen Teil verästelt. Die Blätter sind klein und schmal.
Blüte: Die weiße oder violette Doldentraube gewinnt mit zunehmender Reife an Größe und Länge. Die einzelnen Blütchen sind dachziegelartig angeordnet – von oben wirken sie wie eine Spitzendecke.
Sorten: *I. amara* 'Eisberg', reinweiß, 40 cm. Von *I. umbellata:* Verschiedene Mischungen in Rosatönen von 25–40 cm Höhe.
Verwendung: Im Früh- und Hochsommer sind die reich blühenden Schleifenblumen als Einfassungen auf Rabatten besonders willkommen. Sie schließen auch Lücken, die Blumenzwiebeln hinterlassen.
Anzucht/Pflege: Zeitig im März aussäen und später auf 20–30 cm verziehen. Am besten an einem warmen Platz auf kalkhaltigem Boden. Um eine zweite Blüte anzuregen, Verblühtes abschneiden, andernfalls sind auch die Fruchtstände zierend.

Fleißiges Lieschen
Impatiens walleriana

✿ 5–10 ⬆ 15–50 cm ○–●

Die Verwandte des Springkrauts hat sich von der Topfpflanze zum unverzichtbaren Dauerblüher für halbschattige und schattige Plätze entwickelt. Dort kommen die intensiv leuchten-

den Farbtöne der dicht stehenden Blütchen besonders zur Geltung.
Merkmale: Der Wuchs geht in die Breite, die zahlreich verzweigten Triebe sind zart durchscheinend, saftig und brechen im prallen Zustand wie Glas. Das Laub ist meist frischgrün, bei manchen Sorten auch rötlich. Der Wuchs ist stark sortenabhängig, bei engem Stand schieben sich die Pflanzen gegenseitig hoch.
Blüte: Die einfachen, etwa 4 cm großen flachen Blüten sind unterschiedlich rot getönt, auch weiß und violett oder zweifarbig und gesternt. Hübsch sind weiße Sorten, die ein rotes oder violettes Auge besitzen. Reizend sind die Miniaturformen und die gefüllten Sorten, deren Blüten kleinen Röschen gleichen und besonders regenfest sind.
Sorten: Es gibt unzählige verschiedene Gruppen mit breiter Farbpalette und auch als Mischungen. Bewährte Sorten sind u. a. die 'Accent'-Hybriden, früh blühend und kompakt, oder die 'Bellizzy'-Typen, 15–25 cm, mit mittelgroßen Blüten in 20 Farben. 'Fiesta' nennt sich die wichtigste gefüllte Serie, 30 cm, auch in ausgefallenen Purpur- und Lavendeltönen zu haben. Die Liste ließe sich noch um einiges verlängern (und es wird immer noch weiter gezüchtet)!
Verwendung: Das Fleißige Lieschen fügt sich als Bodendecker willig in gemischte Rabatten und niedrige Teppichbeete. Dem Auge etwas näher gebracht wird der lang anhaltende Blütenflor auf Balkon und Terrasse. Beetgestaltung: siehe Seite 30.
Anzucht/Pflege: Aussaat Februar/März unter Glas oder Stecklingsvermehrung, d. h. Triebspitzen von überwinterten Pflanzen vom Frühjahr bis zum Herbst abnehmen. Pflanzabstand 25 x 30 cm. Reichlich wässern, aber nur mäßig düngen.

Edellieschen
Impatiens-Neuguinea-Gruppe

✿ 5–10 ⬆ 20–40 cm ○–●

Wichtige Topf- und Beetpflanze, die dem eng verwandten Fleißigen Lieschen inzwischen etwas den Rang abläuft und auch gut durchblüht.
Merkmale: Kräftiger, buschiger Wuchs, größeres, dunkleres, z. T. panaschiertes Blatt. Das Laub steht hier stärker im Blickfeld als bei *I. walleriana*.
Blüte: 5–6 cm, rund, fünfteilig, in ähnlicher Farbpalette wie *I. walleriana*, aber mit besonders kräftigen, leuchtenden Farbtönen.

Reizend und regenfest sind die gefüllten Formen des Fleißigen Lieschens.

Sorten: 'Celebrette'-Serie in vielen Farben, 'Spectra'-Mischung, 'Java-Mixture' und die ausgezeichnete Sorte 'Tango' in ausgefallenem Orange mit kontrastierendem dunklem Laub, 30–50 cm hoch.
Verwendung: Wie Fleißiges Lieschen zur Beet-, Grab- und Schalenbepflanzung besonders für halbschattige, etwas kühlere Bereiche geeignet, wo andere Sommerblumen versagen.
Anzucht/Pflege: Aus Stecklingen und auch aus Samen. Siehe Fleißiges Lieschen (Seite 56f.).

Auch die hochwachsenden Balsaminen sind Verwandte des Fleißigen Lieschens.

Sommerzypressen sind architektonische Pflanzen und strukturieren Beete.

Sommerzypresse
Kochia scoparia

60–100 cm

Kochien bilden in bunten Sommerblumenbeeten eine willkommene Abwechslung, da sie mit ihrem filigranen Laub Ruhe in das Arrangement bringen.
Merkmale: Die Pflanze entwickelt sich rasch zu einem rundovalen Busch mit geschlossener Form. Sie besitzt reich verzweigte Stiele, die dicht gedrängt mit kleinen, leuchtend grünen Blättchen besetzt sind.
Blüte: Unscheinbar.
Sorten: Zwei Formen in Kultur: 'Trichophylla' färbt sich im Herbst leuchtend rot. Bei 'Childsii' und 'Green Bunch' bleibt das Laub bis in den Herbst grün.
Verwendung: Zur Auflockerung als Solitär in Beet und Rabatte; als Beeteinfassung oder temporäre Hecke. Verkraftet wird sogar ein Formschnitt. In diesem Fall können Jungpflanzen auf 25–30 cm zusammenrücken.
Anzucht/Pflege: Aussaat ab März mit Vorkultur. *Kochia* ist sehr wärmebedürftig und frostempfindlich, sonst anspruchslos, verträgt auch Trockenheit.

Bechermalve, Buschmalve
Lavatera trimestris

7–10 50–100 cm

Die Bechermalve ist eine tropische Verwandte unserer heimischen Malvengewächse. Typische Bauerngartenblume.

Merkmale: Vielfach verzweigter, breitbuschiger Wuchs; Stängel rau behaart, später verholzend. Frischgrüne herzförmige Blätter.
Blüte: Die breit geöffneten großen Trichterblüten sind fein geadert und besitzen oft einen dunklen Schlund. Je nach Sorte rosa, pink, karminrot und auch weiß.
Sorten: Bewährt haben sich 'Mont Blanc', reinweiß, 50 cm, kompakt; 'Silvercup', rosa mit dunklerer Aderung, 60 cm; 'Beauty'-Serie, weiß, hell- und dunkelrosa, auch als Mischung, 70–80 cm, gut für den Schnitt.
Verwendung: Bechermalven lockern Staudenbeete und Rabatten großzügig auf. Vorsicht mit gelben Partnern, die Rosatöne sind sehr kräftig! In ländlichen Gegenden findet man sie häufig in Form von Hecken. Gute Schnittblume.
Anzucht/Pflege: Aussaat im März mit Vorkultur im Haus oder Direktsaat im April ins Freiland – verziehen auf ca. 50 cm Abstand. Buschmalven gedeihen schlecht bei lang anhaltender Nässe. Sie leiden oft unter Welke und Fäulnis am Stängelgrund – empfohlen wird eine Heißwasserbehandlung vor der Aussaat. Dazu Saatgut in Stoff einbinden und eine halbe Stunde in 50 °C warmes Wasser hängen (Temperatur halten!).
Weitere Arten:
- *Malva moschata* und
- *Malope trifida*, beide um 100 cm hoch, rosa, purpurn und weiß, wärmebedürftig, aber anspruchslos und eher für naturnahe Gärten geeignet.

Lavatera trimestris 'Silvercup'

Roter Lein
Linum grandiflorum

✿ 6–9 ⬆ 30–40 cm ○

Dieser attraktive Lein zählt zu den trockenheitsresistenten Pflanzen und bevorzugt magere Böden. Er sorgt mit einer Vielzahl von ständig neu entstehenden Blüten für einen anhaltenden Gartenschmuck.

Roter Lein ist ein echter Blickfang. Er gehört zu denjenigen Blumen, die man nicht als Jungpflanze kaufen kann, sondern selbst aussäen muss.

Merkmale: Locker grasartiger Wuchs, vielfach verzweigt; schmale graugrüne Blätter.
Blüte: Leuchtend rote, 2–3 cm große Schalenblüten mit dunklem Auge.
Sorten: 'Rubrum', 30–40 cm.
Verwendung: Der Rote Lein besticht durch seine Anspruchslosigkeit und Natürlichkeit. Größere Flächen lassen sich einfach mit anderen passenden Einjährigen gestalten, etwa dem Goldmohn und hübschen Gräsern. Auch als Schnittblume geeignet.
Anzucht/Pflege: Von April bis Mai kann direkt an vollsonnigen Plätzen ausgesät werden. Die Pflänzchen später auf 15–20 cm Abstand verziehen.

Lobelia × speciosa 'Fan Scharlach' ist eine der schönsten und dankbarsten Sommerblumen und passt auch gut im Staudenbeet.

Prachtlobelie
Lobelia × speciosa

✿ 7–9 ⬆ 50–90 cm ○–◑

In den Grassavannen Nordamerikas wachsen die Prachtlobelien als ausdauernde Stauden. Neuzüchtungen gewinnen seit einigen Jahren zunehmend an Bedeutung und bereichern das Sommerblumensortiment. Mit etwas Glück überwintern die schönen Pflanzen auch in unseren Breiten. Das leuchtende Blütenrot wurde den neuen Hybriden von *L. splendens* (Syn.: *L. fulgens)* mit rotem Laub und der grünblättrigen *L. cardinalis,* der Kardinalslobelie (beide ca. 100 cm), vererbt.

Merkmale: Straff aufrechter Wuchs aus einer Blattrosette, basale Verzweigung oder eintriebig. Laub dunkelgrün, z.T. auch rötlich – oft in schönem Kontrast zur Blütenfarbe.

Blüte: Typische Lobelienblüten, die aus drei größeren Kronblättern unten und zwei kleineren oben bestehen. Sie sitzen in langen, dichten Trauben am Stiel und sind leuchtend rot, rosa, blau oder violett getönt.

Sorten: Empfehlenswert sind die 'Fan'- und die 'Kompliment'-Hybriden. Beide Rassen unterscheiden sich hauptsächlich in der Höhe. Die 'Fan'-Serie bleibt niedriger und kompakter, 50 bis 60 cm, ist stärker verzweigt. Die 'Kompliment'-Serie mit etwas größeren Blüten, 75–90 cm Höhe und eintriebigem Wuchs wirkt dagegen etwas eleganter. Bei beiden Rassen bestechen die unterschiedlichen Rottöne, insbesondere das Scharlach. 'Kompliment'-Hybriden gibt es auch in schönem Blauviolett und als interessante Mischung.

Verwendung: Als Gruppe in der Sommerblumen- oder Staudenrabatte. Die schmal aufragenden Pflanzen bilden einen schönen Kontrast zu teppichartiger oder breitbuschiger Bepflanzung.

Anzucht/Pflege: Lange und aufwändige Kultur, darum Pflanzenkauf empfohlen. Abstand im Beet: 25–30 cm. Bei Schutz vor stärkeren Frösten lassen sich diese Lobelien anschließend überwintern. Sie werden im folgenden Jahr sogar kräftiger.

Weitere Art:

- *Lobelia valida*, 30 cm, ist eine aparte Neuheit, mit hellblau-weißen Blüten an straffen Stielen, die nach einem Rückschnitt gut durchblüht.

Männertreu *(Lobelia erinus)*

✿ 6–9 ⬆ 10–15 cm ○-◑

Das kleine Gewächs gehört seiner Farbe und Blütenfülle wegen zum Standardsortiment.

Merkmale: Kompakte kleine Büsche mit feinverzweigtem Wuchs, krautige dünne Triebe mit kleinen Blättchen.

Blüte: Hauptfarbe ist Blau, auch rosa, rote, violette und weiße Sorten, teilweise mit hellem Auge.

Die aparte blau-weiße *Lobelia valida* ist neu am Markt.

Verwendung: Bewährte Begleiter im Reigen der Beet- und Balkonpflanzen. Ähnlich dem Duftsteinrich geeignet als Einfassung zur Gestaltung von Teppichbeeten und Gräbern sowie zur Unterpflanzung.

Anzucht/Pflege: Aussaat ab Februar unter Glas; mehrere Pflänzchen in einen Topf pikieren oder Aussaat an Ort und Stelle ab Mitte April. Pflanzweite ca. 20 cm. Mäßig düngen. Nach dem ersten Flor kräftig zurückschneiden, um die Nachblüte zu fördern.

Trockenheit führt sehr rasch zum Absterben. Günstig ist ein nicht zu warmer, halbschattiger und gleichmäßig feuchter Standort.

Duftsteinrich *Lobularia maritima* (Syn.: *Alyssum maritimum)*

✿ 6–10 ⬆ 10–15 cm ○

Zwar als bescheidener Lückenfüller oder leicht zu kultivierende Untersaat weithin verbreitet, ist der Duftsteinrich doch auch eine wertvolle Bienenweide, die intensiv nach Honig duftet.

Merkmale: Fein verzweigter Wuchs, graugrüne Triebe; Polster bildend.

Duftsteinrich mit Hornveilchen.

Blüte: Zahlreiche kleine duftende Blütchen ergeben einen Blütenstand in Weiß, Creme, Rosa oder Violett.

Sorten: 'Snow Crystals' mit größeren Blüten und der Fähigkeit durchzublühen; 'Wunderland', kräftig rosa; 'Orientalische Nächte', purpurn; außerdem verschiedene schöne Mischungen.

Verwendung: In Steingärten und Rabatten breitet sich die Pflanze wie ein Teppich aus. Kombinationsmöglichkeiten z. B. mit Verbenen oder Salvien.

Anzucht/Pflege: Wird Mitte April ausgesät, recht früh auf einen Abstand von 10–15 cm vereinzelt. Bevorzugt wird ein warmer, durchlässiger Boden ohne intensive Düngung. Verblühte Pflanzen auf halbe Höhe zurückschneiden, um einen zweiten Blütenflor anzuregen.

Sterntaler
Melampodium paludosum

✿ 5–9 ⬆ 20–30 cm ○–◑

Der aus den Tropen stammende Sterntaler gilt in unseren Gärten noch als Neuling. Wenngleich er an sumpfig-feuchte Verhältnisse gewöhnt ist, steht er gerne sonnig und warm.

Merkmale: Buschig verzweigter, kissenförmiger Wuchs, leuchtend grüne, etwas raue Blätter.

Blüte: Orangegelbe Blütenkörbchen mit goldenen Zungenblüten, etwa 3–5 cm groß.

Melampodium – ein pflegeleichter Dauerblüher.

Sorten: 'Showstar', sonnengelb, großblumig, breitrunder Wuchs, 25 cm; 'Derby', goldgelb, kompakt, 20 cm, preisgekrönte Sorte; 'Medaillon', gelborange, klein-, aber reichblütig, 30 cm.

Verwendung: Ähnlich wie gelbe Margeriten, setzen die goldgelben Blütensternchen im hellgrünen Laub Lichtpunkte in Rabatten und Beeten. Die kompakten Sorten eignen sich als Einfassung und gute Bodendecker.

Anzucht/Pflege: Lange Kulturdauer – Kauf empfohlen! Ausgepflanzt wird im Abstand von 30 cm erst gegen Ende Mai. Die sehr wärmebedürftige Pflanze wünscht einen Standort mit guter Nährstoffversorgung. Die Erde darf nie austrocknen. Ausgesprochen regenfest.

Gauklerblumen können hübsche Blütenteppiche bilden.

Gauklerblume
Mimulus-Hybriden

✿ 6–10 ⬆ 15–30 cm ◑

Die Blütenmasken der Gauklerblume erhalten durch ihre ungleichmäßige Tigerung einen lustigen Ausdruck. Es entstehen immer neue Züchtungen dieser farbenprächtigen Tropenkräuter. Inzwischen gibt es auch feine einfarbige Sorten.

Merkmale: Aufrechter, teilweise niederliegender Wuchs, verzweigt, saftreiche Triebe brechen leicht.

Blüte: Die Farben erstrecken sich von Gelb über Orange bis Rotbraun oder Dunkelrosa und Tiefrot. Die Einzelblüten sind 4–6 cm groß, einfarbig, getigert oder gefleckt.

Sorten: 'Malibu', in drei Farbsorten oder als Mischung erhältlich, 15 cm; 'Yellow Velvet' und 'Viva', goldgelb mit rotbraunen Flecken, großblumig, 20–30 cm; außerdem viele verschiedene schöne Mischungen.
Verwendung: Gauklerblumen gehören zu den wenigen schattenverträglichen Sommerblumen und brauchen einen feuchten Platz. Ein idealer Standort ist der Teich- oder Bachrand. Vorsicht bei der Kombination mit anderen bunten Blumen, damit die Flächen nicht zu unruhig werden.

Anzucht/Pflege: Aussaat unter Glas im März/April – ins Freiland Anfang Mai. Entspitzen, um die Verzweigung anzuregen. Pflanzabstand 25 cm. Wünscht lehmig-humosen Boden. Nicht austrocknen lassen, aber auch keine Staunässe!

Muschelblume
Moluccella laevis

✿ 7–8 ⬆ 60–100 cm ○

Die noch relativ unbekannte Muschelblume wirkt hauptsächlich durch ihre außergewöhnlich attraktiven Kelchblätter.
Merkmale: Schmal aufstrebender Wuchs, kaum verzweigt, mit lang gestieltem rundlichem Laub.
Blüten: Quirlartig dicht um den Stängel angeordnet. Die großen, hellgrünen Kelchblätter sind glockenförmig ausgebildet, die darin sitzenden weißen Blüten nur unscheinbar.
Sorten: 'Irlandglocke', 60–70 cm.
Verwendung: Vor allem als Schnittblume, gut zum Trocknen geeignet. Dafür entfernt man die Laubblätter und hängt die Stängel kopfüber in Bündeln auf. Im Beet eignet sie sich hervorragend, um bunte Schmuckrabatten aufzulockern und die Farbenfülle zu mildern.
Anzucht/Pflege: Aussaat März/April unter Glas. Sehr wärmebedürftig und frostempfindlich – Pflanzung Ende Mai in kleinen Gruppen, Abstand 30 cm. Nährstoffreicher Boden.

Muschelblumen sollten Nachbarn erhalten, die sie ein wenig stützen, denn sie fallen beispielsweise nach einem Regenguss leicht um. Oft genügen schon ein paar Zweige als Halt. Die Pflanzen jedoch nicht stäben.

Die aparten Muschelblumen eignen sich auch zum Trocknen.

Nemesia fruticans 'Sea Mist'

Elfenspiegel
Nemesia strumosa

✿ 6–9 ⬆ 20–40 cm ○

Die Stammform *N. strumosa* hat ihre Heimat in Südafrika. Farbenpracht und zarter Wuchs kennzeichnen eine der hübschesten, allerdings kurzlebigen Einjährigen.

Merkmale: Buschig aufrechter Wuchs, zart verästelt. Das hellgrüne Laub ist klein.

Blüte: Becherförmig, ca. 3 cm breit, in Trauben stehend. In Weiß, Gelb, Orange, Rot, Violett oder auch mehrfarbig.

Sorten: Einzelfarben erhältlich, vorwiegend werden aber reizende Mischungen angeboten, wie z. B. die preisgekrönte Neuheit 'Sundrops Mix' mit lebhaftem Farbenspiel und anhaltender reicher Blüte.

Verwendung: Als Frühsommerblüher im Gefolge der einziehenden Zwiebelblumen; im Vordergrund der sommerlichen Rabatten oder an der Terrasse – schön auch in Töpfen.

Anzucht/Pflege: Aussaat März/April unter Glas, Direktsaat an Ort und Stelle ab Mitte April. Kurze Kulturdauer. Folgesaaten helfen, den Flor zu verlängern. Pflanzabstand 20–25 cm. Leichter humoser Boden und ein nicht zu heißer, gleichmäßig feuchter Platz. Mäßig düngen und Rückschnitt sofort nach dem Abblühen im Juli, um zweiten Flor anzuregen.

Weitere Art:

- *Nemesia fruticans* in Lavendelblau, Rosa und Weiß ist relativ neu auf dem Markt. Die kleinen, löwenmaulähnlichen Blütchen sitzen gebündelt am Triebende – leicht überhängender Wuchs. Auch ohne Rückschnitt ausdauernde Blüte bis zum Herbst.

Ziertabak
Nicotiana-Hybriden

✿ 6–10 ⬆ 30–80 cm ○-◑

Diese beliebten Nachtschattengewächse sind vorwiegend im tropischen Amerika beheimatet und von Haus aus recht sonne- und wärmebedürftig.

Merkmale: Buschig verzweigt; je nach Art bzw. Sorte, kleine kompakte, reich blühende Pflanzen oder hohe, die eintriebig aus einer dichten Rosette herauswachsen. Große, weiche, hellgrüne Blätter.

Blüte: Weiß, gelbgrün, rosa und dunkelrot. Die in Rispen angeordneten röhrenartigen Blüten verströmen einen süßen Duft.

Sorten: Hohe: 'Daylight', weiß, 80 cm; 'Lime Green', 80 cm, 'Crimson Rock', rot, 60 cm. Niedrige: Viele gute Serien mit verschiedenen Einzelfarben wie die 'Nicki'-Hybriden, 40 cm, oder die kompaktere 'Domino'-

Nicotiana 'Havana Apfelblüte'

Nicotiana sylvestris

Serie, 25–35 cm. Besonders empfehlenswert ist die mehrfach ausgezeichnete 'Havana Apfelblüte' in zartem weißlichem Rosaton, 30–40 cm. Eine aparte Neuheit ist die 'Grüne Glocken', ca. 60 cm hoch, mit schmalen grünlichen Blüten.
Verwendung: Hochwachsende Sorten gruppenweise in flächige Pflanzungen und Staudenrabatten einstreuen, die niedrigeren Sorten bieten sich für Beet- und Gefäßbepflanzung an.
Anzucht/Pflege: Aufwändige Anzucht – besser zukaufen. Die Pflanzabstände schwanken je nach Sortenhöhe zwischen 30 und 50 cm. Mit dem Auspflanzen evtl. bis Ende Mai warten, da sehr wärmebedürftig. Boden locker, humos, frisch und nährstoffreich.

Weitere Art:
- *Nicotiana sylvestris* mit langen, weißen, hängenden und duftenden Trompetenblüten, bis 150 cm hoch; wirkungsvolle Solitärpflanze vor dunklem Hintergrund.

Jungfer im Grünen, Gretel im Busch *Nigella damascena*

✿ 6–8 ⬆ 30–50 cm ○

Diese kurzlebige alte Kulturpflanze blüht schon etwa zehn Wochen nach der Aussaat. Ihrer Samenkapseln wegen wird sie auch für die Trockenbinderei gezogen.
Merkmale: Locker aufgebautes, stark verästeltes Kraut mit fein gefiedertem Laub.
Blüte: Die blauen, rosa oder weißen, einfachen oder gefüllten Blüten sind dicht von grünen nadelartigen Hochblättern umgeben. Frühzeitig erscheinende Fruchtkapseln haben zusätzlichen Zierwert.
Sorten: 'Miss Jekyll' in Himmelblau und Weiß; 'Persische Juwelen', bunt.
Verwendung: Ob als Lückenfüller, im Naturgarten oder in reinen Sommerblumenbeeten mit anderen Frühblühern wie Mohn und Schleifenblume, für die zarten Pflanzen gibt es überall Platz.
Anzucht/Pflege: Aussaat ab Ende März direkt ins Freiland, auf 15–20 cm vereinzeln oder Sämlinge an andere Stelle setzen. Da die Pflanzen rasch Früchte ansetzen, ist die Blüte bereits nach 6–8 Wochen vorbei. Mit Folgesaaten lässt sich die Blütezeit verlängern. *Nigella* ist recht anpassungsfähig, allenfalls ein Austrocknen oder Staunässe schaden ihr.

Weitere Art:
- *Nigella hispanica* 'Exotic' mit violett blauen Blüten und bizarren Samenkapseln.

Jungfer im Grünen als Mischung

Penstemon hartwegii 'Scharlachkönigin'

Bartfaden
Penstemon-Hybriden

✿ 7–9 ⬆ 30–80 cm ○–◑

Diese den Fingerhüten ähnlichen kurzlebigen Stauden sind äußerst vielgestaltig und leider in den Gärten nur selten vertreten. In milden Wintern halten manche Sorten auch in unserem Klima durch.

Merkmale: Grundständige Blattrosette mit schmal aufstrebenden, unterschiedlich langen Trieben. Frischgrünes Laub.

Blüte: Glockenförmig, lange Ähre, rundum dicht besetzt mit roten, rosa oder violetten Blüten, einige auch zweifarbig.

Sorten: Eine der bekanntesten und bewährtesten ist die rote 'Scharlachkönigin' mit weißem Schlund, 75 cm, blüht im August/September und verträgt auch Halbschatten. Die großblütige 'Giganteus Prachtmischung' ist wegen ihrer längeren Blütezeit empfehlenswert, 75 cm. Niedriger bleibt z. B. 'Southgate Gem' mit 50 cm und schmaleren roten Blüten.

Verwendung: Gruppenweise in Kombination mit Stauden, im Bauerngarten und in naturnahen Pflanzungen, auch sehr hübsch mit Gräsern zusammen. Gut haltbare Schnittblumen.

Anzucht/Pflege: Aussaat Februar/März, kann bereits vor den Eisheiligen ausgepflanzt werden. Abstand sortenabhängig 20–40 cm.

Weitere Art:

- *Penstemon barbatus* mit der hohen scharlachroten Sorte 'Coccineus' oder der hübschen 'Rondo-Mischung', 40 cm, für Stein- und Kiesgärten.

Schwarznessel
Perilla frutescens

🍃 ✿ 9–10 ⬆ 40–70 cm ○

Mit ihrem dunklen Laub eignet sich *Perilla* hervorragend als Partner bunter Sommerblüher.

Merkmale: Buschig verzweigt, ähnlich dem Habitus der Buntnessel. Die Blätter sind breitrund und gegenständig, duften aromatisch, der Blattrand ist grob gesägt und gewellt, die Oberfläche hat metallischen Glanz. Interessant sind Formen mit schwarzpurpurnem Laub.

Blüte: Die kleinen weißlichen Lippenblüten bilden sich selten oder aber sehr spät und fallen kaum auf.

Sorten: Die größte Popularität genießt die japanische Gartenform 'Nankinensis'. Sorten mit besonderen Blattformen: 'Nankinensis Folius Laciniatus', Blätter geschlitzt, 60–80 cm; 'Nankinensis Macrophylla Crispa Compacta', 45–50 cm.

Die Schwarznessel – eine Strukturpflanze.

Verwendung: Eingestreut in bunte Sommerbeete, einzeln oder als kleine Gruppe, wirken die Nesseln am besten – z. B. in einer rosa-lila Ton-in-Ton-Kombination oder zusammen mit gelben Stauden. Hübsch auch als Kontrastpflanzung vor hellen Mauern und Steinen.
Anzucht/Pflege: Aussaat März/April unter Glas oder ab Mitte Mai ins Freiland. Warmen Standort wählen. Pflanzabstand 40–50 cm. Entspitzen regt die Verzweigung an.

Sommerphlox in leuchtender Farbmischung, davor einige Portulakröschen, die sich ebenfalls sehr leicht aussäen lassen.

Sommerphlox
Phlox drummondii

✿ 6–9 ⬆ 15–50 cm ○

Kurzlebiger, aber wunderbar leuchtender Teppichbildner für alle, die bunte Beete lieben.
Merkmale: Krautige, locker wachsende Büsche, die jedoch mit zunehmendem Wachstum auseinander fallen.
Blüte: Die einfachen kleinen Blütchen sitzen zu mehreren in flachen Dolden beisammen und bilden zur Hauptblütezeit eine einzige Farbfläche in Weiß, Gelblich, Rosa, Rot, Blau und Violett. Teilweise sind die Blüten auch gesternt.
Sorten: 30–40 cm hohe Prachtmischungen: 'Tapestry', ausgezeichnete Mischung verschiedener Pastelltöne; 'Petticoat'-Mischung mit gesternten Blüten; 'Dolly'-Hybriden in vielen schönen leuchtenden Einzelfarben, früh blühend, kompakt, 15–20 cm. Angeboten werden auch ca. 50 cm hohe Schnittsorten.
Verwendung: Zur Vor- und Zwischenpflanzung in Beeten und Rabatten, Steingärten und für Gefäße geeignet.
Anzucht/Pflege: Aussaat März/April unter Glas – Sämlinge in Töpfe pikieren, unbedingt stutzen. Evtl. ab Mai Freilandsaat an Ort und Stelle. Kulturzeit 10 bis 12 Wochen. Abstand ca. 20 cm. Warme trockene Standorte wählen, bei Kälte und Nässe versagen die Pflanzen. Rückschnitt nach 6–8 Wochen verlängert die Blütezeit.

Wunderbaum, Palma Christi, Rizinus
Ricinus communis

☠ ✿ 7–10 ⬆ 100–200 cm ○

Rizinus ist nicht nur eine wichtige Arzneipflanze, sie bietet sich auch als architektonisch wirkungsvolles Gewächs für die sommerlichen Gartengestaltung an.
Merkmale: Strauchartige, krautige Pflanze mit großen, lang gestielten, mehrfach gefinger-

ten Blättern; grün, rötlich oder tiefrot gefärbt.
Blüte: Unscheinbar, aber interessante stachelige Fruchtstände. Vorsicht, Samen sind giftig!
Sorten: 'Sanguineus', 200 cm, Blätter und Fruchtstände schwarzrot. Wichtig sind die beiden niedrigeren, ca. 150 cm hohen 'Carmencita'-Sorten in Rosa und Rot.
Verwendung: Als Solitärpflanzen in der Rabatte, in Einzelstellung vor Mauern oder auch in großen Pflanzkübeln.
Anzucht/Pflege: Aussaat März/April unter Glas. Am besten Jungpflanzen kaufen. Sehr wärmebedürftig – evtl. erst Ende Mai auspflanzen. Abstand mindestens 100 cm. Sehr hoher Nährstoffbedarf!

Die großen Blüten des Sonnenhutes mit dem charakteristischen Knopf im Zentrum. Je nach Sorte sind sie reingelb oder braunrot gefärbt.

Stattlicher Rizinus mit Früchten.

Sonnenhut
Rudbeckia hirta

✿ 7–10 ⬆ 30–80 cm ○

Die robusten Pflanzen aus den nordamerikanischen Prärien bringen ständig neue Knospen hervor. Im Gegensatz zu ihren ähnlichen, ausdauernden Verwandten sind sie bei uns nicht winterhart.
Merkmale: Horstartige dichte Büsche. Laub mattgrün, oval, weich und rau behaart.
Blüte: Sonnenblumenähnlich, meist mit dunkler gewölbter Mitte. Die warmen Farbtöne der Strahlenblüten fallen sortenspezifisch hell-goldgelb, orange oder rotbraun aus. Blüten einfach, halbgefüllt und gefüllt. Bei den einfachen kommt die hutartige Form am besten zur Geltung. Der Blütendurchmesser schwankt zwischen 5 und 12 cm.

Sorten: Hohe: Eine der bekanntesten ist 'Marmalade', goldgelb, einfach, 50–60 cm hoch und breit. Ähnlich die gefüllte 'Goldilocks'. Außergewöhnlicher ist die etwa 70 cm hohe Sorte 'Green Eyes' (= 'Irish Eyes' bzw. 'Cats Eye') mit auffallend grünem Knopf im Herzen der großen gelben Blüte. Niedrige: Die preisgekrönte 'Sonora' mit apart brauner Zeichnung, 30–35 cm. 'Becky Mix', 25 cm, gelb und mahagonibraun, sowie die dottergelbe 'Toto', 25 cm.
Verwendung: Hohe Sorten mit staudenähnlichem Charakter eignen sich gut zur Ergänzung neu angelegter Rabatten. Nicht zu dicht setzen, damit sie kleinere Nachbarn nicht erdrücken. Niedrige Typen gruppenweise.
Anzucht/Pflege: Aussaat unter Glas im Februar/März. 3–4 Monate Kulturzeit. Jungpflanzenkauf empfohlen! Aufgrund ihres Blattvolumens relativ hoher Wasser- und Nährstoffbedarf. Gute Schnittblume.

Scharlachroter Salbei
Salvia coccinea

✿ 6–10 ⬆ 30–60 cm ○

Eine der schönsten, vielseitig zu verwendenden Sommerblumen mit Wildpflanzencharakter.
Merkmale: Locker verzweigter Wuchs mit zahlreichen, weit über das hellgrüne Laub hinausragenden Blütenstängeln.
Blüte: Quirlig angeordnete Einzelblüten in Rot, Rosa, Weiß an 20–25 cm langen Trauben.
Sorten: Wichtigste ausgezeichnete Sorte ist 'Lady in Red', die mit ca. 40 cm deutlich niedriger und kompakter bleibt als die Stammform. Beide besitzen leuchtend scharlachrote Blüten. Daneben existieren die weiße 'Nymphe' und die lachsfarbene 'Coral Nymph'.
Verwendung: Gut geeignet zur lockeren Überstellung niedrig wachsender Blumen, auch als Füller in der Staudenrabatte und in Naturgärten.
Anzucht/Pflege: Aussaat unter Glas ab März. Anzuchtdauer drei Monate – Zukauf empfohlen. Pflanzweite 30–40 cm. Warmer durchlässiger Boden erwünscht.

Mehlsalbei, Blauähre
Salvia farinacea

✿ 6/7–10 ⬆ 40–80 cm ○–◑

In seiner Heimat, den Südstaaten der USA, wächst der Mehlsalbei als Staude oder Halbstrauch. Als gesunde und anspruchslose Sommerblume ist dieser Dauer-

Salvia coccinea 'Lady in Red', dahinter die weiße Sorte 'Nymphe'.

blüher aus dem Sortiment seit Jahren nicht mehr wegzudenken.
Merkmale: Dicht verzweigter Wuchs. Vierkantige Stängel; fein graufilzig bzw. in der Farbe der Blüten gehalten. Das graugrüne Laub verjüngt sich nach oben.
Blüte: Dunkel violettblaue, silbrige oder blaue Einzelblüten an langstieligen, straff aufstrebenden Blütenähren; wetterbeständige, sehr ausdauernde Blüte.
Sorten: 'Victoria', tiefblau, 40–60 cm, wichtigste Beetsorte; 'Strata' oder 'Reference', blaue Blüte und weiße Ähre; 'Silber' oder 'Cirrus', dichter, silberner Blütenflaum; 'Catima' und 'Blauähre', dunkelblau, 60–80 cm.
Verwendung: Äußerst vielseitige, einzeln oder gruppenweise einsetzbare Pflanze. Farblich passende Partner für nahezu alle Sommerblumen, für Stauden und besonders Rosen. Haltbare Schnittblume – die Blütenähren können sogar getrocknet werden.
Anzucht/Pflege: Siehe *S. coccinea*. Aussaat unter Glas ab März. Kulturdauer 3 Monate. Zukauf empfohlen. Pflanzabstand 30 cm. Warmer, durchlässiger Boden erwünscht.

Salvia farinacea 'Strata'.

Enzianblaue *Salvia patens*-Blüten.

Abstehender Salbei
Salvia patens

✿ 7/8–10 ⬆ 50–80 cm ○

Nur selten findet man solch ein strahlendes Blau unter den Gartenblumen. Obwohl die Blüten relativ klein sind und eher vereinzelt stehen, ist ihre Wirkung faszinierend. Im Hochland Mexikos werden die Blüten durch Kolibris bestäubt.
Merkmale: Aufrecht, buschig, »struppiger« Wuchs. Die ovalen Blätter sind reich behaart und weich. Rhizomartig verdickter Wurzelstock.
Blüte: Abstehende Einzelblüten von 5 cm Länge in langen Blütentrauben. Spätblüher.
Sorten: 'Marineblau', 75 cm; 'Cambridge Blue', blassblau.
Verwendung: *S. patens* wird in jeder Blumen- oder Staudenrabatte die Blicke auf sich ziehen, ist aber auch für naturnahe Gärten und Steinanlagen geeignet. 2–3 Pflanzen genügen bereits.
Anzucht/Pflege: Siehe *S. coccinea*. Die Aussaat muss hier bereits im Januar erfolgen. Pflanzabstand ca. 40 cm. Standort warm, mäßig feucht und nährstoffreich. Die Wurzelstöcke können wie bei Dahlien überwintert werden; evtl. im Februar nach dem Austrieb Stecklinge schneiden.

Feuersalbei
Salvia splendens

✿ 5–10 ⬆ 20–30 cm ●

Der Feuersalbei besticht durch seinen reichen Blütenflor, der sich aus Blattachseln laufend erneuert.

Merkmale: Verästelte Pflanzen mit vierkantigem Stängel, kahl; glattes, leuchtend grünes Laub.
Blüten: Sitzen in endständigen Trauben, sortenabhängig mal locker oder dicht; Hochblätter, Blütenstiel, Kelch und Krone meist scharlachrot, auch rosa, violett, cremefarben und zweifarbig.
Sorten: 'Salsa'-Serie mit sechs Farben, 20 cm; 'Scarlet King', 25 cm; 'Leuchtfeuer', 25 cm, früh; 'Carabiniere', 25 cm – alle scharlachrot; 'Cleopatra', dunkel purpurviolett, 30 cm.
Verwendung: Massenblüher, für großflächige Pflanzungen in öffentlichen Anlagen geeignet, aber oft zu knallig in der Farbe. Im Hausgarten kann man sich die positiven Eigenschaften – das kontinuierliche Blühen – zu Nutze machen, indem man rote mit dunkelvioletten Sorten kombiniert oder blau und weiß blühende Pflanzen wie Mehlsalbei und Margeriten dazwischensetzt. Auch weiße Kosmeen oder Silberblatt machen sich sehr hübsch dazu.
Anzucht/Pflege: Siehe *S. coccinea*. Pflanzabstand 20–30 cm. Warme, sonnige Lage wird bevorzugt, ausreichende Feuchtigkeit und Nährstoffversorgung.

Salvia splendens

Buntschopfsalbei
Salvia viridis
(Syn.: *S. horminum*)

✿ 6–8 ⬆ 40–70 cm ●

Schmuckwert erzielt die Art mit ihren zusammengedrängten Hochblättern, die sich ab Juni unterschiedlich verfärben.
Merkmale: Buschiger Wuchs, herzförmiges Laub. Die auffallenden Hochblätter sind am Ende zu grünen, roten oder violetten Schöpfen zusammengedrängt und deutlich geadert.
Blüte: Klein und unscheinbar, weißliche, rosarote und violette Lippenblüten.
Sorten: Unterschieden wird nach Farbe der Hochblätter: 'Oxford Blue', 70 cm, leuchtend blau; 'Pink Sunday', 60 cm, rosa, 'White Swan', 50 cm, cremefarben sowie 'Tricolor Mischung'.
Verwendung: Die pastellfarbenen Wildformen passen sehr gut zu allen natürlichen Pflanzenbildern. In kleinen Gruppen pflanzen. Gute Schnitt- und Trockenblume.
Anzucht/Pflege: Siehe *S. coccinea*. Auch Freilandsaat ab Mitte Mai an Ort und Stelle möglich. Pflanzabstand ca. 30–40 cm, trocken-warmer Standort. Unbedingt Rückschnitt nach der Blüte, um zweiten Flor anzuregen.
Weitere Arten: Das Spektrum der Familie der Lippenblütler ist immens. Viele interessante Formen außer den oben genannten

Salvia viridis

Salvia-Arten eignen sich als Sommerblumen für den Garten.

- *S. uliginosa*, eine schöne hellblaue, nicht frostresistente Staude für feuchte Standorte, Höhe 120–150 cm.
- *S. sclarea*, der aromatische Muskatellersalbei. Die zweijährige Pflanze wächst 50–100 cm hoch und ist breit ausladend, Blüte 6/7 . Blüten und Hochblätter sind helllila bis rosa.
- *S. officinalis* 'Tricolor', eine pastellfarbene hübsche Blattschmuckstaude für das Kräuter-, Stauden- oder Sommerblumenbeet.
- *S. involucrata* in dunkelrosa und die blaue *S. azurea* können eher den Kübelpflanzen zugerechnet werden, sollten in einer Salbei-Sammlung aber nicht fehlen.

Das beliebte Husarenknöpfchen.

Husarenknöpfchen
Sanvitalia procumbens

✿ 5–10 ⬆ 10–30 cm ○–◑

Wie Sonnenblumen en miniature wirken die bis in den Herbst hinein über und über blühenden guten Bodendecker.

Merkmale: Reich verzweigt mit flach über dem Boden liegenden Stängeln. Frischgrünes kleines, eiförmiges Laub.

Blüte: Etwa 2–3 cm breite einfache oder gefüllte Blütenkörbchen.

Sorten: 'Goldteppich', einfach, gelb, schwarze Mitte, sehr wüchsig; 'Sprite Orange' und 'Sprite Yellow', gefüllt mit dunkler Mitte, lang anhaltend und reich blühend, sehr wüchsig bis 30 cm; 'Mandarin' und 'Irish Eyes', hellorange mit grünem Knopf; 'Plena', dicht gefüllt.

Verwendung: Als Einfassung an Beeträndern, im Steingarten und wo es sich teppichartig auszubreiten vermag. Wegen der langen dünnen Triebe auch gut geeignet für alle Gefäße.

Anzucht/Pflege: Aussaat im März unter Glas, ab Ende April direkt ins Freiland säen. Warmer Platz mit mäßiger Nährstoffzufuhr. Pflanzabstand ca. 25 cm. Einen schönen Herbstflor erreicht man bei manchen Sorten durch Rückschnitt auf halbe Höhe.

Weitere Art:

- *Sanvitalia speciosa* 'Aztekengold' fällt durch ihren starken, auch überhängenden Wuchs (Abstand 30 cm) und die schmalen Blütenblättchen etwas aus dem Rahmen. Liebt es feucht. Ideale Ampelpflanze.

Silberblatt, Greiskraut
Senecio bicolor
(Syn.: *Cineraria maritima*)

🍃 ⬆ 20–50 cm ○

Eine der beliebtesten Blattschmuckpflanzen, die in kaum einem sommerlichen Beet oder Arrangement fehlt. Der feine neutrale Farbton steht in reizvollem Kontrast zu all den bunten Blüten.

Merkmale: Kleiner, buschig wachsender Halbstrauch, der einjährig kultiviert wird, in milden Wintern aber auch durchhält. Silbrig-grün schimmerndes Laub mit filziger Behaarung, stark gefiedert oder gebuchtet.

Senecio bicolor 'Silverdust' mit stark gefiedertem Laub.

Blüte: Die gelben Blütenköpfchen spielen hier eine untergeordnete Rolle. Sie erscheinen meist erst im zweiten Jahr, falls die Pflanze überwintert.
Sorten: 'Cirrus', 25–30 cm, Blatt silbrig-grün, gebuchtet. 'Diamant', 40 cm, silbergrün, kaum gegliedert. 'Silverdust', 30 cm, 'Rauhreif', 30 cm und 'Silber zwerg', 20 cm zeichnen sich alle durch silberweißes, fein gefiedertes Laub aus.
Verwendung: Vielseitige robuste Strukturpflanze zum Kombinieren mit farbintensiven Einjährigen und Stauden. Die mediterranen Pflanzen fühlen sich an allen warmen, relativ trockene und nährstoffarme Standorten besonders wohl.
Anzucht/Pflege: Aussaat März unter Glas mit Vorkultur. Vereinzelt oder tuffweise in kleinen Gruppen pflanzen.

Studentenblume
***Tagetes*-Hybriden**

✿ 6–10 ⬆ 20–100 cm ○

Tagetes gehören zum Standardsortiment einer jeden Sommerbepflanzung. Ihre lang anhaltende Blütenfülle macht sie unverzichtbar, und die leuchtenden Farben sind ein wichtiger Blickfang in Beeten und Gefäßen. Die Sortenvielfalt ist unüberschaubar groß. Man kann jedoch drei Hauptgruppen unterscheiden: *T.*-Erecta-Hybriden, *T.*-Patula-Hybriden und *T. tenuifolia*-Sorten.

• ***Tagetes*-Erecta-Hybriden:**
Merkmale: Kräftiger, breitbuschiger Wuchs, gefiedertes Laub.
Blüte: Bis 10 cm dicke, dicht gefüllte ballförmige Blütenköpfe in Gelb und Orangetönen.
Sorten: Hohe Sorten 60 bis 100 cm; halbhohe 40–60 cm; niedrige 20–40 cm. Bei den

Tagetes erecta mit dicken Blütenbällen, davor die einfach blühende *T. patula*.

Tagetes tenuifolia in hellem Gelb.

niedrigen Beetsorten sind z. B. die 'Antigua'-Serie und die ausgefallene cremefarbene 'Vanilla' empfehlenswert. Schnittsorten werden häufig als Mischung angeboten.

• ***Tagetes*-Patula-Hybriden:**
Merkmale: Gedrungener, buschiger Wuchs, gefiedertes Laub mit charakteristischem Duft.
Blüte: Einfache, halbgefüllte oder gefüllte mittelgroße Blüten mit ca. 5 cm Durchmesser in den unterschiedlichsten Gelb-, Rot- und Brauntönen, teilweise zweifarbig oder auch marmoriert. Die dicht stehenden Blütenköpfchen steigern die Farbintensität.
Sorten: Unterschiedliche Wuchsstärken: 15–25 cm und 30–40 cm hoch. Vereinzelte Sorten liegen auch bei 50–60 cm, sind jedoch sparrig im Habitus. Bei den einfach blühenden empfehlen sich die hervorragende flach wachsende 'Disco'-Serie, um 20 cm, und die höhere, gut verzweigte, lockere 'Favourite'-Serie, 30 bis 40 cm; beide sind robust und wetterfest und haben in ihrem Farbspektrum auch den selteneren hellgelben Ton. Bei den nelkenblütigen und gefüllten Sorten gibt es jede Menge Auswahl und ein unglaubliches Farbenspiel zu bestaunen.

• ***Tagetes tenuifolia:***
Merkmale: Dichte feinverästelte Büsche, 30–40 cm hoch und ebenso breit werdend, zierlicher Wuchscharakter und feines farnartiges Laub.
Blüte: Kleine einfache Blütchen in großer Fülle in Gelb, Orange und Rotbraun.
Sorten: Neben vielen Einzelfarbsorten ist beispielsweise die 'Starfire-Mischung' in den genannten Farben, z. T. mit feiner Zeichnung der Blüten, sehr reizvoll.
Verwendung: Tagetes sind hervorragende Gruppenpflanzen. Die niedrigen eignen sich zur Flächendeckung, als Einfassung und zur Unterpflanzung. Die höheren kräftigen Erecta-Hybriden wirken schöner, wenn sie gruppenweise mit noch voluminöseren Partnern kombiniert werden. Beruhigend auf die intensiven Gelb-Orange-Töne wirken dunkelrote Blattschmuckpflanzen wie *Amaranthus* und *Perilla*.
Anzucht/Pflege: Aussaat im März/April unter Glas. Pflanzabstand je nach Sorte zwischen 20 und 40 cm.

Mexikanische Sonnenblume
Tithonia rotundifolia

✿ 7–10 ⬆ 40–150 cm ○

Die Tithonie ist in unseren Gärten viel zu wenig verbreitet. Ihre meist hohe Gestalt, ihre Gesundheit und Pflegeleichtigkeit machen sie zusätzlich zur angenehm warmen Blütenfarbe attraktiv.

Orangerote hohe *Tithonia*.

Merkmale: Strauchartig verzweigter kräftiger Wuchs. Große herzförmige Blätter, mattgrün und samtig. Hoher Laubanteil.
Blüte: Hellorange bis orangerot, je nach Sorte, einfach mit gelber Mitte, zwischen 6 und 10 cm groß. Die Blüten stehen auf kräftigen, langen Stielen.
Sorten: 'Fackel', tieforange, 100–150 cm; 'Goldfinger' helles Orange, Höhe 75 cm; 'Fiesta del Sol', feurig orange, nur 40 cm hoch, kompakt, hoher Blütenanteil – preisgekrönte Neuheit.
Verwendung: Hohe Sorten als ruhiger Hintergrund sowie als Solitärpflanze geeignet. Gute Füllpflanze im Staudenbeet.
Anzucht/Pflege: Vorkultur im Haus ab März. Frühzeitiges Stutzen fördert die Verzweigung. Mitte bis Ende Mai auspflanzen – frostempfindlich! Abstand bei hohen Sorten mindestens 50 cm.

Schleier-Eisenkraut
Verbena bonariensis

✿ 7–10 ↑ 80–120 cm ○

Die etwas steif wirkenden hohen Verbenen gehören aufgrund ihrer Robustheit und lang anhaltenden Blüte, aber auch ihrer besonderen Schleierwirkung wegen zu den beliebtesten Sommerblumen mit Wildpflanzencharakter.

Verbena bonariensis

Merkmale: Straffer, sparrig verzweigter Wuchs, steife, kaum beblätterte kantige Stängel.
Blüte: Kleine schirmförmige fliederfarbene Dolden an den Triebenden, ununterbrochene Blüte.
Verwendung: Zur Überstellung immer gruppenweise zwischen mittelhohe Blumen pflanzen, um die erwünschte Schleierwirkung zu erzielen. Als Solitärs wenig attraktiv. Auch für naturnahe Pflanzungen geeignet.
Anzucht/Pflege: Aussaat ab Februar unter Glas, Kulturdauer 3–4 Monate – anspruchsvoll, z. T. schlechte Keimung. Tipp: kurzzeitige Frosteinwirkung! Besser ist der Kauf von Jungpflanzen. Alternativ Aussaat im Herbst oder Vermehrung durch Stecklinge möglich. Rechtzeitiges Stutzen fördert die Verzweigung. Pflanzabstand 30–40 cm. Optimal ist ein sonnig warmer Platz mit locker durchlässigem Boden. Alle Verbenen sind empfindlich gegen Staunässe! Die Wildformen sind besonders pflegeleicht, gesund und trockenheitsverträglich.

Verbena bonariensis und *V. rigida* sind eine ideale Ergänzung in Staudenrabatten – in mildem Klima oder mit etwas Schutz überwintern sie sogar bzw. versamen sich.

Mittelhohes Eisenkraut
Verbena rigida, V. canadensis

✿ 7–10 ↑ 25–40 cm ○

Beide Verbenen unterscheiden sich vom Schleier-Eisenkraut durch den dichten buschigen Wuchs. Deshalb und wegen der intensiveren Farbtöne besitzen sie eine stärkere Fernwirkung. Gute Flächendecker.
Merkmale: *V. rigida:* aufrechter sparriger Wuchs, dunkles derbes Laub, ähnlich *V. bonariensis*. *V. canadensis:* geschlossener Habitus und damit höhere Farbwirkung, teilweise kriechend,

Verbena rigida mit hellen Kapkörbchen.

hübsches helles, chrysanthemenähnliches Laub.
Blüte: Beide Arten sind reichblühend in dichten Dolden und unterschiedlichen violetten Farbtönen.
Sorten: Von *V. rigida:* 'Fliederblau' in Purpur bis Dunkelviolett, 'Polaris' als schöner Kontrast in hellem Lila. Von *V. canadensis:* 'Perfecta', leuchtend rotviolett.
Verwendung: Auf größeren Flächen lassen sich die mittelhohen Sorten gruppenweise z.B. gut mit silberlaubigen Blattschmuckpflanzen wie *Senecio* oder Blumen in kontrastierendem Gelb und Orange kombinieren.
Anzucht/Pflege: Siehe *V. bonariensis* (Seite 75). Einen Pflanzabstand von 25–30 cm einhalten.

Niedrige Gartenverbene
Verbena-Hybride

✿ 6–9 ⬆ 15–30 cm ○

Sorten: Viele verschiedene Mischungen sind im Handel erhältlich, aber auch alle Einzelfarben. Preisgekrönt wurden z. B. die 'Novalis'-Serie sowie die kompakten Sorten 'Quarz Burgundy' in Purpur und die lachsfarbene Neuheit 'Peaches and Cream'. Empfehlenswert sind auch die bekannten und bewährten 'Tapien'- und 'Temari'-Serien.
Verwendung: Mit ihnen lassen sich herrlich bunte Beete gestalten. Der teppichartige Wuchs macht sie vor allem für Beetränder, aber auch für Gefäße interessant.
Anzucht/Pflege: Siehe *V. bonariensis.*
Pflanzabstand 20 cm. Regelmäßige Wasser- und Nährstoffgaben sind wichtig. Meist ist auch ein Rückschnitt nach der ersten Blüte notwendig.

Zinnie
Zinnia elegans

✿ 6–10 ⬆ 30–90 cm ○

Diese formenreiche und farbenprächtige Pflanzengattung aus Mittelamerika ist sehr wärmeliebend.
Merkmale: Straff aufrechter bis buschiger Wuchs. Hellgrünes, eiförmiges Laub.

Hochwachsende *Zinnia elegans* in bunter Mischung.

Niedrige *Zinnia haageana* 'Classic'.

Blüte: Besonders breites Farbspektrum. Die Palette reicht von apartem Grün über Weiß, Gelb und alle Rottöne bis zu Lachs und Rosa. Blütendurchmesser zwischen 3 und 12 cm. Die einfachen, halbgefüllten bis pomponförmigen Blüten stehen auf straffen Stielen, die jedoch reichlich Seitenknospen bilden.

Sorten: Niedrige: 'Profusion'-Serie, kompakt wachsende, reichblühende, etwa 30 cm hohe preisgekrönte Neuheit, bildet einen kissenförmigen Blütenteppich in leuchtendem Orange, Kirschrot oder Creme. Die Blüten sind einfach bis halbgefüllt. Durchmesser mit etwa 6 cm gelber Mitte. Auch die 'Peter Pan'-Hybriden mit großen Blüten sind zu empfehlen. Halbhohe: Reizende kleine Pomponblumen auf etwa 50 cm hohen Stielen entwickelt die 'Liliput'-Serie. Die bewährten 'Ruffles'-Hybriden besitzen mittelgroße Blumen, Höhe ca. 60 cm, buschig, reich blühend und wetterfest. Als farbneutrale Partner sollten auch die aparten grün-gelben Sorten 'Envy' und 'Froggy' (ca. 60 cm) Beachtung finden. Hohe: U. a. 'Dahlienblütige Riesen' eignen sich vor allem als Schnittblumen. Bei den Zinnien spielen die fertigen Samenmischungen eine besonders große Rolle – in ihrer Buntheit sorgen sie für echte Sommerstimmung.

Verwendung: Je nach Sortengruppe: Niedrige eignen sich zur Flächenpflanzung, halbhohe sind hübsche Gruppenpflanzen in gemischten Rabatten oder zwischen Stauden und Gemüsen im Bauerngarten. Höhere Sorten mit etwas steifem Habitus sind weniger standfest, aber ideal als Schnittblumen. Zinnien immer in größeren Gruppen pflanzen, um bessere Wirkung zu erzielen. Die Blätter werden im Laufe des Sommers oft unansehnlich, deshalb besser zwischen andere buschige Pflanzen setzen.

Anzucht/Pflege: Aussaat unter Glas März/April. Erst ab Ende Mai ins Freiland setzen oder säen. Rechtzeitig stutzen. Regelmäßiger Blumenschnitt fördert die Nachblüte. Zinnien vertragen Nässe und Kälte schlecht.

Weitere Art:

- *Zinuia haageana*, (Syn.: *Z. angustifolia*) hat im Gegensatz zu ihren nahen Verwandten ihren Wildcharakter stärker erhalten. Die kleinblütigen (ca. 4 cm), vielfach verzweigten Pflanzen sind robust und weniger empfindlich gegen Nässe. Pflanzabstand: 25 cm.

Sorten: Der bewährte Klassiker heißt auch 'Classic', blüht leuchtend orange, einfach, wird bis 30 cm hoch und wächst buschig kompakt. Ganz ähnlich sind die Sorten 'Star White' und 'Chrystal White', die cremeweißen Margeritenblüten mit gelber Mitte stehen dicht über dem schmalen dunkelgrünen Laub. Alle diese Blumen sind hervorragend zur Randbepflanzung und Beeteinfassung geeignet und zeichnen sich durch unermüdliche Blüte von Juni bis Oktober aus.
Die Sorten 'Perserteppich' und 'Old Mexico' werden höher und sind lockerer im Wuchs. Die Blüten variieren von Gelb bis zu Braun und Rot. Hervorragende Schnittblumen.

Um die lichtbeständigen Blütenköpfe als Trockenblumen zu verwenden, braucht man etwas Fingerspitzengefühl. Der günstigste Erntezeitpunkt liegt meistens vor der Vollblüte, danach werden die Büschel kopfüber an einen luftigen Ort gehängt.

Einjährige als Trockenblumen

Papierknöpfchen
Ammobium alatum

✿ 7–9 ⬆ 40–60 cm ○

Strohblumenähnlich, zierlicher Spätsommerblüher.
Merkmale: Straff aufrechter Wuchs, geflügelte Stängel.
Blüte: Goldgelbe Blütenköpfchen, starrer Kranz weißer Hüllblätter, Durchmesser ca. 3 cm.

Helipterum roseum – der Sonnenflügel.

Sorten: 'Bikini', nur 40 cm hoch.
Weitere Arten: Der seidige Sonnenflügel *(Helipterum roseum)* und die Papierblume *(Xeranthemum annuum)* in Rosa- und Weißtönen haben eine etwas zartere Gestalt und lassen sich wie *Ammobium* gut in Mischpflanzungen integrieren.

Gartenstrohblume
Helichrysum bracteatum

✿ 7–9 ⬆ 40–100 cm ○

Die hübschen Strohblumen bereichern farbenfrohe Beete.
Merkmale: Runde, gedrungene Büsche oder aufrecht verzweigt mit kräftigen Stielen.
Blüte: Bis zu 8 cm groß. Mit zunehmender Vollblüte erhalten die weißen, gelben, rosa, roten, violetten, orangefarbenen oder braunen Blütenkörbchen ihren strohigen Charakter.
Sorten: Hochwüchsige, großblumige Typen wie 'Monstrosum' und 'Riesen', 80 cm, besitzen kugelige Blüten mit schönem Farbenspiel. Zu wählen ist zwischen Einzelfarben und Mischungen. Halbhohe, z. B. Nanum-Typen, 40–50 cm, mittelgroße Blüten. Neuere kompakte Zwergsorten: 30–40 cm, werden meist nur als Mischung angeboten.

Limonium sinuatum – Statice oder Strandflieder.

Strandflieder, Statice
Limonium sinuatum

✿ 7–9 ⬆ 50–80 cm ○

Auch als Gartenblume ist die Pflanze interessant.
Merkmale: Straffer Wuchs mit vielen geflügelten Stängeln.
Blüten: Das Spektrum umfasst weiße, gelbe, rosa, rote und vor allem blaue Sorten.
Sorten: Schnittsorte 'Fortress', 60 cm, in Einzelfarben und als Mischung; 'Petite Bouquet Mix', ca. 30 cm, eine kompakte gute Beetsorte (nur als Mischung).
Weitere Arten:
- *L. latifolium*, lavendelblau; Der Meerlavendel, bietet eine weitere hübsche Alternative für den Garten und passt auch ins Staudenbeet.
- *L. suworowii*, eine aparte rosarote Art mit dicht besetzten Ähren. Besonders für salzhaltige Böden.

Zweijährige Arten

Stockrose, Stockmalve
Alcea rosea

✿ 7–9 ⬆ 120–200 cm ○

Stockrosen nehmen aufgrund ihrer Höhe eine Sonderstellung im Garten ein.
Merkmale: Straff aufrechter Wuchs aus einer Rosette mit großen weichen Blättern; Blütentriebe mit lang gestieltem, handförmig geteiltem Laub.
Blüte: Breite Farbpalette bis fast ins Schwarz gehend. Zarte Pastellfarben und kräftige Töne. Einfache oder gefüllte Röschen – bis zu 10 cm. Seidige Blüten kurz gestielt in den Blattachseln.
Sorten: 'Plena Prachtmischung', 200 cm, gefüllt; 'Nigra', schwarzrot, samtig, auch als Färbepflanze verwendet. Einzelfarben.
Verwendung: Als Solitärs im Hintergrund oder vor Mauern und Zäunen platzieren.
Anzucht/Pflege: Dunkelkeimer. Bei einjähriger Kultur Aussaat März/April, Blüte ab August. Zweijährig gezogen (Aussaat 6 bis 7), Blüte ab Juli. Pflanzabstand: 40–50 cm.
Um kräftige Pfahlwurzeln bilden zu können, benötigt die Malve nahrhaften, tiefgründigen Boden an geschütztem, warmem Standort. Sie sät sich willig selbst aus.
Weitere Arten/Sorten: siehe *Lavatera* mit *Malva* und *Malope*.

Stockrosen eignen sich gut als Sichtschutz.

Maßliebchen, Tausendschönchen
Bellis perennis

✿ 3–5 ⬆ 10–15 cm ○–●

Maßliebchen sind Verwandte unseres Gänseblümchens.
Merkmale: Dichte kleine Blattrosette, Laub rundlich oval.
Blüte: Weiß, rosa, rot, 3–6 cm, mehr oder weniger stark gefüllt, Strahlen- oder Pomponform.
Sorten: 'Habanera'-Serie, kompakter Wuchs, groß und dicht gefüllte Blüten; 'Robella', lachsrosa, früh; 'Tasso', großblumige, 'Rominette', kleinblumige Pompon-Serie.

Maßliebchen in Pomponform.

Marienglockenblumen gibt es in Weiß, Rosa und Blau.

Verwendung: Der kompakte Wuchs bleibt weitgehend erhalten – gut am Beetrand.
Anzucht/Pflege: Vergleichbar mit Stiefmütterchen. Lange Kulturdauer – besser aus dem Fachhandel. Pflanzung üblicherweise im März/April, aber auch schon im Herbst vor der Blüte möglich – Pflanzabstand 20 cm.

Marienglockenblume
Campanula medium

✿ 6–7 ⬆ 60–80 cm ○

Die alte, selten gewordene Bauerngartenblume besticht durch ihre Üppigkeit.
Merkmale: Wuchs breitbuschig, kräftige Grundrosette mit rau behaarten Blättern.
Blüte: Weiß, blau oder rosa; einfache oder gefüllte, große, abstehende Glocken in langen Trauben.
Sorten: Einzelfarben Blau, Rosa und Weiß und 'Einfache' und 'Gefüllte Mischung', 80 cm hoch.
Verwendung: Als dichte Tuffs im Staudenbeet oder Bauerngarten zusammen mit anderen Zweijährigen.
Anzucht/Pflege: Pflanzabstand 30 cm. Nährstoffreiche Böden erwünscht.

Bartnelke
Dianthus barbatus

✿ 6–7 ⬆ 30–50 cm ○

Ursprünglich kommt die aromatisch duftende Bartnelke aus der Balkanregion Südeuropas. Sie gehört wie Goldlack in jeden bäuerlichen Garten.
Wuchs: 50–60 cm, einige Sorten werden weniger hoch.
Merkmale: Wuchs buschig, straffe Stiele, Laub spitz-oval.
Blüte: Neben weißen und rosa Tönen auch kräftige Farben von Rot bis Purpur. Einfach oder gefüllt, Einzelblüten dicht gedrängt als Dolde.
Sorten: 'Prachtmischung' und verschiedene Einzelfarben, besonders schönes Scharlach zeigt 'Scarlet Beauty'; 'Indianerteppich' ist eine Mischung einfachblühender Zwergsorten.
Verwendung: Bartnelken brauchen einen Standort in voller Sonne. Sie sind hervorragende, haltbare Schnittblumen und können auch gut auf gesonderten Beeten stehen. In Einzelfarben auch hübsch in der Gemeinschaft mit Stauden.
Anzucht/Pflege: Ein- und zweijährige Kultur möglich. Nährstoffreiche frische Böden bevorzugt. Bei zweijähriger Kultur Frostschutz empfohlen.
Weitere Arten:
- *Dianthus caryophyllus*, die ein- oder zweijährige duften-

Bartnelken sind wunderbare Schnittblumen.

Goldlack in Gelb-, Orange- und Brauntönen hält mehrere Jahre im Garten aus.

de Garten- oder Chabaudnelke, 50–70 cm hoch,

- *D.*-Chinensis-Hybriden, einjährige niedrige, relativ kurzlebigen Sommernelken, zur teppichartigen Pflanzung.

Goldlack
***Erysimum cheiri* (Syn.: *Cheiranthus*)**

✿ 4–6 ⬆ 25–75 cm ○

Goldlack ist eine alte und geschätzte Bauerngartenblume mit angenehm süßem Duft und warmen samtenen Farben.

Merkmale: Wuchs buschig verzweigt, bei mehrjähriger Kultur auch verholzend; schmales Laub.

Blüte: Einfach oder gefüllt, in Trauben angeordnet, 2–3 cm breit.

Sorten: Auswahl zwischen unterschiedlichen Wuchshöhen und Füllungsgraden. Neben Einzelfarben werden meist schöne Mischungen angeboten: 'Prachtmischung', 50 cm, einfach; 'Zwerg Busch', 30 cm, gefüllt.

Verwendung: Wegen seines starken Duftes sollte man Goldlack immer in die Nähe des Hauses und am Weg ansiedeln. Möglichst so platzieren, dass die Pflanzen noch ein oder zwei Jahre stehen bleiben können.

Anzucht/Pflege: Aussaat Juni/Juli. Unbedingt entspitzen. Pflanzabstand 20–30 cm. Nährstoffreiche, humose Böden.

Weitere Arten:

- *Erysimum* × *allionii*, der Schöterich, nahe verwandt dem Goldlack, blüht jedoch rein gelb oder leuchtend orange. Er duftet ebenfalls intensiv. Die ausgefallene Sorte *E.* 'Bowles Mauve' mit ihren aparten violetten Blüten und dem dunklen Laub ist noch weitgehend unbekannt.

Vergissmeinnicht
Myosotis sylvatica

✿ 4–6 ⬆ 15–35 cm ○–◑

Wirkt am schönsten in Gemeinschaft mit anderen Frühjahrsblühern. Einmal in den Garten gebracht, versamt es sich von selbst.

Merkmale: Reich verzweigt, buschig, Laub schmal, rau behaart Blüte: viele kleine Einzelblütchen, hellblau, rosa oder weiß mit gelber Mitte.

Sorten: 'Compindi', dunkelblau, 15 cm; 'Bluesylva', mittelblau, 20 cm; 'Musik', tiefblau, 25 cm; 'Blauer Strauß', tiefblau, 30 cm; 'Wallufer Schnitt', bis 50 cm;

Vergissmeinnicht passt zu allen Zwiebelblumen.

'Rosylva', 20 cm, rosa; 'Nina weiß', 20 cm.
Verwendung: Vor allem als Unterpflanzung von Tulpen, die es an der Basis locker umspielt.
Anzucht/Pflege: Aussaat Juni/Juli. Nach 4–6 Wochen pikieren bzw. im Freiland vereinzeln. Zwischen August und Oktober setzt man die rosettenförmigen Pflanzen im Abstand von 20 cm an ihren endgültigen Platz. Bei Bedarf im Januar/Februar leichten Winterschutz (Fichtenreisig/Vlies) geben.

Islandmohn in vielen Pastellfarben.

Islandmohn
Papaver nudicaule

✿ 5–9 ⬆ 30–50 cm ○

Islandmohn wächst zwei- oder auch mehrjährig. In unseren Klimazonen hat sich die winterannuelle Kultur durchgesetzt.
Merkmale: Grundständige blaugrüne Blattrosette, Laub tief gebuchtet, darüber stehen die Einzelblüten an langen, rau behaarten Stängeln.
Blüte: In zarten Pastelltönen, 5–10 cm groß. Die Stammform blüht gelb, die Sorten meist orange und rot.
Sorten: Im Sortiment finden sich jedoch vorrangig Mischungen: 'Gartenzwerg', 30 cm; 'Partyfun', 30 cm; 'Illumination', 50 cm, großblumig.
Verwendung: Anspruchslos und am besten für sonnige Rabatten, Kies- und Steingärten geeignet. Versamt sich gerne.
Anzucht/Pflege: Ein- und zweijährige Kultur möglich. 2–3 Monate nach der Aussaat im Abstand von 20–25 cm an den endgültigen Platz pflanzen.
Weitere Arten:
- *Paparer rhoeas*, Klatsch- bzw. Seidenmohn mit gefüllten und einfachen Blüten.
- *P. somniferum*, Schlafmohn.

Beide sind kurzlebige, anspruchslose, aber schmückende Einjährige, die man an Ort und Stelle leicht aussäen kann. Sie werden ca. 75 cm hoch.

Stiefmütterchen
***Viola*-Wittrockiana-Hybriden**

✿ 10–12/3–6 ⬆ 15–30 cm
○–◑

Was wäre der Frühling ohne die unendliche Vielfalt der Stiefmütterchen? Das mittlerweile riesige Sortiment geht auf Wildformen wie unser winziges Ackerstiefmütterchen zurück.
Merkmale: Wuchs buschig, zu Beginn kompakt, mit fortschreitender Jahreszeit und bei entsprechender Wärme locker auseinander fallend; saftreiche Triebe; Laub gestielt, eiförmig.
Blüte: 5 überlappende, samtige Kronblätter bilden die beliebten Gesichtchen – mit und ohne Auge – in unzähligen Farbtönen und Zeichnungen.
Sorten: Man unterscheidet zwischen winterharten Rassen in wenigen Farbtönen, bei denen auch Unterschiede auftreten können, und den sehr homogenen großblütigen F_1-Hybriden in allen nur denkbaren Schattierungen, auch zahlreichen Pastelltönen. Die Hybriden werden unter Glas gezogen und erst Mitte März ausgepflanzt.

Stiefmütterchensorten gibt es in allen Farben und Größen für jeden Geschmack.

Herbstblüher wie die 'Schweizer Riesen', 'Weseler Eis', 'Riesen Vorboten' und 'Icequeen' brauchen im Frühling eine längere Anlaufphase, und es kann in sehr harten, nassen Wintern auch Ausfälle geben. Als frostresistente Sorten gelten auch die F_2-Hybriden wie beispielsweise die 'Joker'-Serie in leuchtenden Farben und mit ausgeprägten Gesichtern.

Verwendung: Mit Stiefmütterchen lassen sich überall Akzente setzen.

Anzucht/Pflege: Unkomplizierte Kultur. Dunkelkeimer! Für Herbstblüte Aussaat im Juni/Juli halbschattig im Freiland oder Kasten. Für Frühjahrsflor Samen erst ab Ende Juli aussäen, evtl. über Winter mit Vlies oder Reisig abdecken. Oder Aussaat ab September im Haus. Sämlinge werden pikiert und später im Abstand von 15–20 cm an den gewünschten Platz gesetzt. Vorbeugend gegen Mehltau auf zügiges Abtrocknen der Blätter achten, d. h. vormittags wässern. Luftigen Standort wählen.

Weitere Arten:
Sehr beliebt sind die Mini-Stiefmütterchen, Abkömmlinge von *V. cornuta*, dem ausdauernden Hornveilchen. Auch hier gibt es zahlreiche wunderschöne Hybridsorten. Die zierlichen und sehr reichblütigen Violen können breite Polster bilden, eignen sich daher auch zur Ampel- und Schalenbepflanzung. Die Minis blühen im Gegensatz zu den Wittrockiana-Hybriden oft den ganzen Sommer hindurch.

Weitere Zweijährige und kurzlebige Stauden:

***Anchusa capensis*, Ochsenzunge**
✿ 7–9 ⬆ 30–40 cm ○
***Anchusa azurea*,** ⬆ 60–80 cm
Beide herrliches Enzianblau
Verwendung: Gemischte Rabatten

***Digitalis purpurea*, Fingerhut**
✿ 6–7 ⬆ 60–120 cm ○–●
'Excelsior'-Hybriden als Mischung; schöne Sorten: 'Alba' und 'Sutton + Apricot'
Verwendung: Beet und Gehölzrand, zur Verwilderung geeignet

***Hesperis matronalis*, Nachtviole**
✿ 5–6 ⬆ 80–100 cm ◑–●
Violett, weiß, einfach, gefüllt
Verwendung: Gehölzrand, zur Verwilderung, Duftpflanze

***Lunaria annua*, Mondviole, Judassilberling**
✿ 5–6 ⬆ 40–60 cm ◑–●
violette Rispen
Verwendung: Gehölzrand, Beet

***Onopordum acanthium*, Eselsdistel**
✿ 7–9 ⬆ 150–200 cm ○
Verwendung: Solitärpflanze

***Primula vulgaris*, Kissenprimel**
***P. elatior*, Himmelsschlüssel**
✿ 3–4 ⬆ 10–20 cm ○–●
Viele Farben und Mischungen
Verwendung: Beet und Gefäße

Sommerblumen säen, pflanzen und pflegen

Für alle, die Lust am Experimentieren haben, lässt sich bereits mit ein paar Samentütchen üppiger bunter Blütenflor in den Garten zaubern. Bequemer ist es natürlich, beim Gärtner einzukaufen.

Blumen selbst heranziehen

Anzucht mit Vorkultur

Sommerblumen kann man vorgezogen kaufen oder aus Samen selbst heranziehen. Dabei unterscheidet man die Vorkultur im Haus oder unter Glas und die Direktaussaat. Der Aufwand der eigenen Anzucht lohnt sich nicht nur finanziell. Neben der Freude an der Entwicklung der Pflänzchen kann man über den Samenhandel auch seltenere Arten und Sorten beschaffen, die man vom Gärtner schwer bekommt. Wer keine Gelegenheit hat, Pflanzen vorzukultivieren, muss sich mit dem Ausbringen der Samenkörner gedulden, bis der Boden weitestgehend erwärmt ist – das ist je nach Klima ab April oder erst im Mai der Fall. Sollen Mitte Mai schon kräftige Pflanzen zur Verfügung stehen, die nach den Eisheiligen ins Freiland gesetzt und nach kurzer Anwachsphase zur Blüte kommen, muss man es den Profis nachmachen und vorkultivieren.

Dabei müssen natürlich die Ansprüche der einzelnen Arten und Sorten beachtet werden (siehe dazu die Angaben bei den Porträts, Seite 38ff.). Aufwändige Kulturen wie Verbenen und Begonien sollte man dem Fachbetrieb überlassen und die Pflanzen kaufen.

Wichtig ist bei jeder Aussaat, ob im Haus oder im Freiland, möglichst frisches, gut keimfähiges Saatgut zu verwenden und die Angaben auf der jeweiligen Packung genau zu beachten. Zum Beispiel ist es für den Anzuchterfolg entscheidend, ob es sich um Licht- oder Dunkelkeimer, eventuell sogar um Frostkeimer handelt. Es empfiehlt sich in jedem Fall, Qualitätssaatgut – etwa mit Keimschutzpackung, Haltbarkeitsdatum oder Fleuroselect-Auszeichnung – zu verwenden.

◀ Frühlings- und Sommerblumen blühen wochen- und monatelang unermüdlich – deshalb brauchen sie guten Boden und viel Pflege.

Selbst geernteter Samen von Tagetes. Dieses Saatgut garantiert jedoch keine Sortenreinheit.

Pflanzen mit langer Kulturzeit und hohem Anspruch an Bodenwärme, Luftfeuchtigkeit und Licht werden bereits im Januar/Februar ausgesät. Das ist jedoch nur mit Hilfe technischer Einrichtungen zu schaffen. Pflanzen mit kurzer Kulturzeit dürfen nicht zu früh ausgesät werden, denn bei Lichtmangel neigen sie zum Langwerden und müssen dann mehrmals gestutzt werden.

Warme Vorkultur

Zur Keimung brauchen viele Samen (z. B. Ziertabak und Lobelien) gleichmäßige Feuchtigkeit und Wärme. Man bereitet ihnen ein geeignetes Saatbett, möglichst in flachen Gefäßen –

In der Saatschale mit Folienabdeckung erkennt man zwei verschiedene Blumensorten im Keimlingsstadium.

Im kleinen Vermehrungskasten unter der Plastikhaube keimen Winden, die einzeln in Torftöpfe gesät wurden.

Kistchen, Schalen, Multitopfplatten oder Töpfen – mit gutem Wasserabzug. Für größere Samen eignen sich Torfpress- oder Torfquelltöpfe. Sie enthalten bereits das fertige Substrat, man muss sie nur vor dem Säen in Wasser aufquellen lassen.

Unbedingt die Saatschalen kennzeichnen. Dazu entweder die Samentütchen verwenden oder besser Kunststoffetiketten aus dem Fachhandel, die mit einem wasserfesten Stift beschriftet werden.

Ansonsten werden die Gefäße mit spezieller Anzuchterde gefüllt, ein keimfreies, durchlässiges und nährstoffarmes Substrat. Sehr feine Samen vermischt man mit etwas Sand, dann lassen sie sich leichter ausbringen. Die Saat wird leicht angedrückt, so genannte **Dunkelkeimer** mit Erde abgedeckt und alles fein überbraust oder besprüht.

Die Samen müssen immer gleichmäßig feucht – nicht nass – mindestens bei Zimmertemperatur um 18–20 °C gehalten werden. Günstiges Gewächshausklima mit hoher Luftfeuchtigkeit entsteht, wenn die Gefäße mit einer Glasscheibe, Kunststoffhaube oder Folie abgedeckt werden. Sobald das Wachstum der Keimlinge zunimmt, regelmäßig lüften. Haben die Pflänzchen die Abdeckung erreicht, wird sie abgenommen.

Damit keine Fäulnis durch zu dichten Wuchs entsteht, dünnt man rechtzeitig aus. Nur die kräftigsten Sämlinge bleiben stehen. Diese werden pikiert oder gleich einzeln eingetopft (Topfdurchmesser 8–10 cm), wenn sich die ersten Laubblätter gebildet haben. Zum **Pikieren** lockert man die Erde, nimmt die Keimlinge vorsichtig mit den Fingern und pflanzt sie in größerem Abstand in neue Kästchen. Schon beim ersten Pikieren kürzt man die Würzelchen um ein Drittel ein. Später ist es

Die gut durchwurzelten Sämlinge werden einzeln in kleine Töpfe pikiert.

wichtig, die Wurzeln möglichst zu schonen.
Alle Pflänzchen werden warm, hell und möglichst luftfeucht weiterkultiviert. Nach einiger Zeit des Durchwurzelns kann etwas Flüssigdünger gegeben werden, zuerst mit halber Konzentration, später die normale Menge.
Entscheidend bei jeder Kultur ist das Licht, damit die Pflanzen kompakt bleiben und keine langen dünnen Triebe entwickeln. Wichtig ist es darüber hinaus, die Pflanzen rechtzeitig abzuhärten, um sie an die späteren Freilandbedingungen zu gewöhnen und sie gesund zu erhalten. Bei Zimmerkultur bedeutet das meist einen Umzug in andere helle, aber luftige und kühlere Räume. Vor praller Sonne müssen die Pflanzen allerdings geschützt werden.

Frostfreie Vorkultur
Sie bietet sich für weniger empfindliche Arten und Sorten an, z. B. Löwenmäulchen und Sommeraster, die nur im Jugendstadium frostgefährdet sind. Gegenüber der Direktsaat ins Freiland erreicht man damit einen wochenlangen Vorsprung. Am besten wird im März oder Anfang April in ein Frühbeet ausgesät.

Direktaussaat

Viele Blumen sind robust und benötigen keine Vorkultur unter Glas. Man kann sie je nach Sorte ab März, empfindlichere im April/Mai auch direkt ins Freie säen. Von Nachteil sind die verspätete Blütezeit sowie die geringeren gestalterischen Möglichkeiten. Diese Methode eignet sich speziell für Pflanzen, die Pfahlwurzeln bilden und darum nicht verpflanzt werden sollten, wie die Mohngewächse. Weitere Gelegenheiten für eine Direktsaat bieten sich beim Anbau von Schnittblumen oder bei kurzlebigen Blumen wie Elfenspiegel und Jungfer im Grünen, die man durch Folgesaaten noch ein weiteres Mal zur Blüte bringen kann. Vor allem empfiehlt sich die Direktaussaat für Sorten mit kurzer Keimdauer, wie Schleierkraut, Bienenfreund, Schleifen- und Ringelblume, die bereits nach sechs Wochen zur Blüte kommen. Bei dieser einfachsten Art der Sommerblumenkultur wird direkt im Beet oder Topf ausgesät. Reihen- oder Horstsaat erleichtert die Pflege im Anfangsstadium. Wiesenblumenmischungen können dagegen breitwürfig ausgebracht werden. Bei Godetien, Mädchenauge, Rittersporn und anderen so genannten **Winterannuellen** (siehe Seite 7) erreicht man für das kommende Jahr einen Blühvorsprung, wenn bereits im Herbst gesät wird. Ähnlich verfährt man

Zur Kräftigung der Pflanzen sollte man den Spitzentrieb, eventuell auch die Seitentriebe ein- oder mehrmals um jeweils einige Zentimeter einzukürzen. Man beginnt damit, wenn die Pflanzen etwa 6–10 cm hoch sind. Die Pflanzen werden auf diese Weise buschiger und setzen reichlicher Knospen an.

Die zauberhaften Trompetenzungen *(Salpiglossis)* gehören zu den Blumen, die selten zu kaufen sind und direkt ins Freiland gesät werden können.

mit den **zweijährigen Frühlingsblühern**. Die Aussaat von Stiefmütterchen, Bartnelken, Fingerhut u. a. erfolgt direkt nach der Blüte, d. h. zwischen Mai und Juli. Die Sämlinge bilden dann bis zum Herbst noch die typischen Rosetten aus, mit denen sie überwintern. Diese sollten zwischen August und Oktober an ihren endgültigen Standort verpflanzt werden.

Selbstaussaat

Zweijährige und viele einjährige Blumen wie Vergissmeinnicht, Malve, Goldlack, Jungfer im Grünen, Kapuzinerkresse, Ringelblume, Duftsteinrich, Kosmee und Sonnenblume, oft auch die hohe Verbene und der Fuchsschwanz, neigen zur Selbstaussaat. Dort, wo sie geeignete Lebensbedingungen finden, tauchen die Sämlinge im folgenden Jahr an den verschiedensten Stellen im Garten wieder auf – ein durchaus belebendes Element.
Wenn man aber bestimmte Farb- und Gestaltungskonzepte verfolgt, bleibt nichts anderes übrig, als durch Umpflanzaktionen regulierend einzugreifen. An Stellen, wo sie nicht erwünscht sind, lassen sich die Keimlinge leicht entfernen.

Wenn man Kapuzinerkresse einmal im Garten gepflanzt hat, siedelt sie sich durch Selbstaussaat meist jedes Jahr aufs Neue an.

Vermehrung durch Stecklinge

Nicht alle Blumen werden ausgesät. Jungpflanzen erhält man auch durch Stecklingsvermehrung. Diese Methode empfiehlt sich vorzugsweise bei ausdauernden und verholzenden Pflanzen, die nur in unserem Klima einjährig gezogen werden, wie Wandelröschen, Vanilleblume, Geranien, aber auch Goldtaler und Pantoffelblumen. Am besten gelingt die Anzucht von Stecklingen im Spätsommer. Man kann jedoch auch die Mutterpflanzen überwintern und im zeitigen Frühjahr davon Stecklinge schneiden.

Sommerblumenbeete bepflanzen

Grundsätzlich werden die wärmeliebenden Sommerblumen **nach den Eisheiligen** Mitte bis Ende Mai ausgepflanzt, spätfrostgefährdete Arten sogar noch Anfang Juni, wenn die Schafskälte vorüber ist. Bei diesen Terminen spielt jedoch das Kleinklima eine entscheidende Rolle.

Bodenvorbereitung

Vor jeder Pflanzung steht immer eine gründliche Bodenvorbereitung – ein wesentlicher Faktor für gutes Gedeihen, Gesundheit, Wachsen und Blühen der Sommerblumen. Zuerst wird die Pflanzfläche von Resten der Frühlingsblüher (Topfballenreste werden eingearbeitet) und von Unkräutern (vor allem Wurzelunkräuter) befreit. Die tiefgründige Lockerung des Bodens bis in die Tiefe von 30 cm dient der Wasserdurchlässigkeit und der Luftzufuhr im Wurzelbereich. Stauende Nässe ist der Tod fast aller Sommerblumen. Diese Gefahr besteht besonders bei schweren lehm- und tonhaltigen Böden, die gleichzeitig auch kalt und damit für Einjährige ungeeignet sind. In solchen Fällen

Neben der guten Bodenvorbereitung trägt auch eine ausreichende Ernährung zum Gedeihen der Pflanzen bei.

ist es gut, die Erde mit Sand und Kies zu lockern.
Hilfreich sind außerdem fertige Substrate zur **Bodenverbesserung** und vor allem die Zugabe von organischem Material wie Hornspänen (30 g = eine Hand voll pro m^2 einarbeiten). Kompostgaben werden ca. 1 cm hoch auftragen und flach eingearbeitet. Vorsicht, er enthält oft reichlich Samen von Unkräutern, die später in der Pflanzung Probleme verursachen können!
Frühlings- und Sommerblumen gehören neben den Nutzpflanzen zu den intensivsten gärtnerischen Kulturen. Viele von ihnen sind ausgesprochen hungrig und durstig. Eine **Grunddüngung** mit einem mineralischen oder organisch-mineralischen Volldünger (etwa 50 g pro m^2) reicht für ca. sechs Wochen aus, sofern es sich nicht um Langzeitdünger handelt.

Das Auspflanzen

Die ausgetopften Pflanzen werden möglichst bei bedecktem Himmel – aber nicht bei Regen – auf dem gut vorbereiteten und glatt geharkten Pflanzbeet verteilt. In Torftöpfen vorkultivierte Pflanzen können direkt eingesetzt werden und wachsen ohne Störung besonders zügig weiter. Jungpflanzen mit gut durchwurzeltem Ballen wachsen generell leichter an als bereits überständige Pflanzen. Sind die Wurzeln stark verfilzt, dann etwas anreißen und die Triebe teilweise zurückschneiden. Im Normalfall die Wurzeln jedoch möglichst nicht verletzen.
Es ist günstig, sich bereits im Vorfeld eine Planskizze anzufertigen, auf der die Standorte der Solitärpflanzen und wichtiger Gruppen eingetragen sind. Sie kommen als Erste in den Boden, anschließend wird mit den niedrigen Sorten von hinten bzw. von der Mitte aus nach vorne aufgefüllt. Alles gründlich angießen.

Beim Pflanzen sollte man sich keinesfalls vom augenblicklichen Zustand der Blumen irritieren lassen und deshalb zu dicht pflanzen. Auch schmächtigere Pflänzchen holen einen Rückstand bald auf und füllen die anfänglich vorhandenen Lücken aus. Beim Kauf von Pflanzen möglichst nur knospige (in Knospe stehende) Ware erwerben, sie übersteht den »Pflanzstress« besser als bereits blühende Ware.

Pflanzabstände
Die Abstände richten sich nach Klima- und Bodenverhältnissen, der Wuchsstärke sowie der endgültigen Pflanzengröße und dem Charakter, den die Pflanzung haben soll. In formalen Schmuckpflanzungen wird dichter gesetzt als in naturhaften Anlagen, wo sich die Pflanzen freier entwickeln können. Bei niedrigen Arten wie Stiefmütterchen oder Tagetes rechnet man mit einer Pflanzweite von etwa 20 cm, das sind im Durchschnitt 20–25 Pflanzen/m^2. Bei mittelgroßen Exemplaren wählt man einen Pflanzabstand von 30–40 cm, höhere setzt man 50–60 cm weit auseinander. Solitärs werden in größeren Abständen einzeln oder in kleinen Gruppen verwendet.

Pflege der Sommerblumen

Mit einer Hand voll Hornspänen pro Quadratmeter wird der Boden vor den Pflanzarbeiten versorgt.

Ohne entsprechende Pflege ist eine Sommerblumenrabatte nicht haltbar. Da die Einjährigen nur eine begrenzte Lebensdauer besitzen, setzen sie in der kurzen zur Verfügung stehenden Zeit alles daran, um Samen zu bilden und damit ihren Bestand zu sichern.

Das Bestreben der Pflanzen steht jedoch im krassen Widerspruch zur Verwendung im Garten. Um den Zierwert möglichst bis in den Herbst zu erhalten, gehört das **Ausputzen** verblühter Teile zu den regelmäßigen Pflegemaßnahmen. Bei kurzlebigen Arten wie Duftsteinrich und Elfenspiegel oder geschädigten Pflanzen empfiehlt sich der **Rückschnitt** um etwa ein Drittel, damit eine Nachblüte angeregt wird. Danach sind Wässern und eine zusätzliche Düngung unbedingt erforderlich.

Auch relativ anspruchslose Blumen müssen durch ständiges **Wässern** im Wachstum gehalten werden. Trockenheit führt unweigerlich zur vorzeitigen Samenbildung und zum raschen Absterben des Sommerflors. Beim Gießen kommt es darauf an, den Boden nicht durch einen harten Strahl zu verschlämmen. Auch sollten die Blumen wegen Fäulnisgefahr möglichst nicht mit Regnern von oben bewässert, sondern das Erdreich zwischen den Pflanzen mit einer Brause, besser noch mit Riesel-(Tropf-) Schläuchen gründlich durchfeuchtet werden. Oberflächliches Gießen ist wirkungslos.

Mit **Nährstoffgaben** wird das Pflanzenwachstum unterstützt (siehe Bodenvorbereitung). Anspruchsvollere Starkzehrer, die sich noch nicht voll entwickelt haben, werden bei Bedarf flüssig nachgedüngt (Kopfdüngung). Überdüngung führt dazu, dass Pflanzen ins Kraut schießen, blühfaul werden, anfällig für Krankheiten und nicht standfest sind. Der Bedarf ist abhängig von der Art der Bepflanzung. Intensive Schmuckpflanzungen müssen reichlicher versorgt werden als naturhaft gestaltete Beete.

Zu den Routinearbeiten gehören weiterhin vorsichtiges **Lockern** des Bodens und das **Jäten**.

In teppichartig bepflanzten Schmuckbeeten ist dies häufiger nötig als in gemischten Pflanzungen. Vor allem in den Anfangswochen bis zum Zusammenwachsen der Blumen sind mehrere Pflegegänge notwendig, um den Bestand sauber zu halten. Später während der Blütezeit genügt meist eine Kontrolle im Rahmen des Ausputzens, um das Überhandnehmen von Unkräutern zu vermeiden. Solange das Erdreich noch offene Stellen zeigt, ist es besonders bei schweren Böden wichtig, nach dem Wässern oder einem

Entstehende Lücken in den Beeten können mit schnell wachsenden Arten wie dem einjährigen Schleierkraut *(Gypsophila elegans)* angesät werden.

Im Spätsommer und Herbst lassen sich die Wechselpflanzungsbeete noch einmal durch Topfchrysanthemen und Heidekräuter ergänzen oder richtig herausputzen.

Regenguss die Oberfläche wieder zu lockern – gleichzeitig ein Verdunstungsschutz.

Stützen und Aufbinden wird oft bei höheren Pflanzen wie Spinnenblume und Kosmee notwendig. Schlinger und Ranker brauchen eine Kletterhilfe.

Auch das **Nachpflanzen** gehört meist zum Pflegeprogramm, denn einige Pflanzen werden sich immer vorzeitig verabschieden. Oft sind es wirklich nur einzelne Exemplare, die nicht recht gedeihen wollen oder Pilzkrankheiten zum Opfer fallen, manchmal handelt es sich aber auch um die gesamte Sorte, die nicht bis zum Ende der Saison durchhält. Man kann aus den hinteren Reihen und dichteren Beständen einige Pflanzen herausnehmen und sie umpflanzen. Oder es besteht die Möglichkeit, Pflanzen zuzukaufen oder mit schnellwachsenden Sorten nachzusäen. Im Spätsommer können vor allem Topfchrysanthemen, Heidekräuter und die hübschen buntlaubigen Stauden, die unter dem Begriff »Herbstzauber« angeboten werden, die Lücken füllen.

Pflanzengesundheit

Da es sich bei Frühlings- und Sommerblumen um Pflanzen für eine Saison handelt, kommt dem Pflanzenschutz geringere Bedeutung zu als üblicherweise im Garten. An erster Stelle stehen aber auch hier die vorbeugenden Maßnahmen – die Wahl des richtigen **Standorts**, eine gute **Ernährung**, ausreichende **Wasserversorgung** und **Pflege**.

Sommerblumen brauchen in den allermeisten Fällen einen sonnigen, vor Winden geschützten, warmen Platz mit gutem, durchlässigem Boden.

Die regelmäßige Pflege spielt eine besonders wichtige Rolle. Durch ständige Kontrolle können Schaderreger und Krankheitssymptome rechtzeitig erkannt und Abhilfe geschaffen werden. Dies ist bei Frühlings- und Sommerblumen besonders wichtig, weil sich z. B. Pilzerkrankungen in Windeseile verbreiten können, die Blumen dann gleich reihenweise absterben und richtige Lücken im Gartenbild hinterlassen. Bei diesen kurzlebigen Kulturen verzichtet man üblicherweise auf intensive Bekämpfungsmaßnahmen. Es ist hingegen ratsam, bereits bei den ersten Anzeichen eine welkende Pflanze aus dem Bestand zu entfernen.

Häufig ist es unklar, ob es sich bei einem Schadbild um einen Pflegefehler, einen Pilz oder eine physiologische ernährungsbedingte Störung handelt. Das aufmerksame **Beobachten** steht also in der Skala der Vorbeugungsmaßnahmen obenan. Verdichten sich die Anzeichen jedoch und gibt es größere Ausfälle, muss das Pflanzenschutzamt zu Rate gezogen werden.

Gemischte Pflanzungen aus verschiedenen Blumen, Kräutern und Gemüsen, wie sie in einem Bauerngarten zu finden sind, fördern die Pflanzengesundheit.

Die häufigsten Schäden an Frühlings- und Sommerblumen

Schnecken:
Vor allem Nackt-, aber auch Gehäuseschnecken fallen über zarte Jungpflänzchen und weiche Pflanzenteile her. Als wichtigste vorbeugende Maßnahme gilt: nur morgens wässern, denn am Abend wirkt das feuchte Milieu in den Beete noch verlockender auf die Schnecken. Sie meiden rauen und trockenen Untergrund. Soweit es geht, die Tiere immer wieder absammeln. Feuchte Bretter und Tücher, großformatige Blätter, wie die vom Rhabarber, stellen hilfreiche Fallen dar, unter denen sich die Schnecken mit ihren Gelegen gern über Nacht verbergen – dort lassen sie sich am Morgen relativ einfach absammeln. Was aber dann damit anfangen? Sie über den Zaun zum Nachbarn schicken ist keine gute Lösung, auch die Mülltonne scheidet aus. Neben einfachen Bierfallen bleiben nur die brutalen Maßnahmen mit Schere oder kochendem Wasser. Beim Schneckenkorn gibt es jetzt ungiftige und regenfestere Mittel mit neuer Wirkungsweise auf dem Markt, welche andere Lebewesen und Boden schonen.

Pilzerkrankungen

Pilze sind in erster Linie Schwächeparasiten. Sie kommen überall vor und befallen sowohl die grünen Teile als auch die Pflanzenbasis und die Wurzeln – sie können das Gewebe völlig zerstören. Schon zu Beginn des Pflanzenlebens treten bei Sämlingen und Stecklingen häufig die gefürchteten Umfallkrankheiten auf.
Welche Hilfen gibt es? In erster Linie beim Umgang mit den Pflanzen auf allen Ebenen Sauberkeit walten lassen; vorsichtige Behandlung, um Verletzungen zu vermeiden; bei der Anzucht Qualitätserden verwenden; erkrankte Pflanzen oder Teile davon rigoros und großzügig entfernen (nicht auf den Kompost!), um Ansteckung zu vermeiden. Bei Rückschnitt immer bis in das gesunde Gewebe hineinschneiden. Messer und Scheren desinfizieren.
Pilze entwickeln sich besonders gut bei Feuchtigkeit, deshalb Pflanzen, soweit möglich, trocken und luftig halten – beispielsweise morgens gießen und sprühen. Nicht zu dicht pflanzen.

Tierische Schädlinge

Ihr Auftreten ist häufig an bestimmte Witterungsbedingungen gebunden. Die schnelle Generationsfolge der verschiedenen Läuse, Blasenfüße und Milben wird meist durch Wärme und Lufttrockenheit begünstigt – ganz im Gegensatz zu den feuchtigkeitsliebenden Pilzen.

Die Schäden am Pflanzengewebe entstehen hauptsächlich durch Fraß und das Saugen. Dabei verkrüppeln oder vergilben Blätter, Knospen, Blüten oder Triebe.
Auch **Nematoden** (Älchen, Fadenwürmer) kommen überall in der Erde vor. Ihr Schadensspektrum reicht von Wachstumsstörungen bis zum völligen Absterben der Pflanze. Bei stärkerem Befall ist ein Bodenaustausch oder Erddämpfung angezeigt. Da dies in den seltensten Fällen realisierbar ist, wird eine Bodenkur mit Tagetes empfohlen.

auf einen blick

- Bei der Aussaat den richtigen Zeitpunkt beachten – es gibt Pflanzen mit langer und kurzer Kulturdauer. Angaben siehe auf der Packung.
- Das Haltbarkeitsdatum der Samen berücksichtigen.
- Man unterscheidet helle und warme Vorkultur am Fenster, im Wintergarten oder Kleingewächshaus sowie helle und kühle (frostfreie) Vorkultur, z. B. im Frühbeetkasten. Im Gegensatz zur Direktsaat ins Freiland bringt die Vorkultur einen zeitlichen Vorsprung.
- Wenn die Pflänzchen 6–10 cm hoch sind, mit dem Entspitzen beginnen und bei Bedarf mehrfach wiederholen, um kräftige Jungpflanzen zu erhalten.
- Vor dem Auspflanzen den Boden gut lockern und möglichst organisch düngen, um das Bodenleben zu aktivieren.
- Bei Bedarf wässern und nach etwa 6 Wochen nachdüngen, falls beim Einpflanzen kein Langzeitdünger verabreicht wurde.
- Verblühtes regelmäßig entfernen.

Bezugsquellen und Adressen

Blumensamen

Sperli-Samen / Sperling & Co
Hamburger Str. 27, 21339 Lüneburg
Tel. 04131 / 30170
www. sperli.de

Benary GmbH
Postfach 1127
34331 Hannoversch-Münden
Tel. 05541 / 7009-0
www.benary.de

Syngenta Seeds GmbH
Alte Reeser Str. 95, 47533 Kleve
Tel. 02821 / 994-0
www.syngenta.de

Bruno Nebelung GmbH
Kiepenkerl-Pflanzenzüchtung
Postfach 1263, 48348 Everswinkel
Tel. 02582 / 670-0

Erfurter Samenzucht Weigelt & Co
Postfach 80
65393 Walluf/Rheingau
Tel. 06123 / 71066

Florensis Deutschland GmbH
Solitudestr. 99, 70499 Stuttgart
Tel. 0711 / 86009-0
www.florensis.de

Chrestensen Erfurter Samen- und Pflanzenzucht GmbH
Witterdaer Weg 6, 99092 Erfurt
Tel. 0361 / 2245-0
www.chrestensen.de

Thompson & Morgan Ltd.
Postfach 1069, 22784 Hamburg
Tel. 040 / 61193993
www.thompson-morgan.com

Blumenzwiebeln

Horst Gewiehs Blumenzwiebeln
Postfach 1270
27342 Rotenburg/Wümme
Tel. 04261 / 63818

Küpper Saaten-Blumenzwiebeln
Postfach 1468, 37254 Eschwege
Tel. 05651 / 8005-0
www.kuepper-bulbs.de

Internationales Blumenzwiebelzentrum (IBZ)
Parklaan 5, NL-2180 AD Hillegom
Tel. + 31 / 252 / 52522

Stichwortverzeichnis

Ziffern mit * verweisen auf Abbildungen

Bildnachweis:

Borstell: 2, 5, 7, 9, 13, 16, 19o, 20, 22, 24o, 24u, 28u, 34, 35, 36, 38, 40, 41u, 45, 48, 57, 60, 61u, 62o, 63, 65u, 69, 74o, 75, 76u, 78o, 79o, 80o, 80u, 81u, 88, 91, 92
Fischer E.: 76o, 83
Fischer G.: 31, 65o, 67, 71u, 73o
Hagen: 26o, 26u, 46, 90u
Redeleit: 18, 21, 32o, 32u, 33o, 37, 39, 42u, 44, 49u, 50o, 58u, 64u, 66u, 84, 86ul, 89
Reinhard: 1, 4o, 4u, 6, 10, 15, 33u, 42o, 43, 47o, 47u, 49o, 51o, 51u, 54o, 55, 58o, 59u, 61o, 66o, 68o, 68u, 72
Ruckszio: 11, 14, 17, 50u, 54u, 62u, 64o, 70o, 78u, 79u, 81o, 82
Sammer: 85, 86ol, 87or, 86ur, 90o
Seidl: 8u, 19u, 28o, 41o, 52o, 52u, 53, 56, 59o, 70u, 71o, 73u, 74u, 77, 87
Simon: 23
Vetter: 12

Die Deutsche Bibliothek – CIP-Einheitsaufnahme

Ein Titeldatensatz für diese Publikation ist bei Der Deutschen Bibliothek erhältlich

Grafiken: Heidi Janiček

BLV Verlagsgesellschaft mbH
München Wien Zürich
80797 München

Umschlaggestaltung:
Studio Schübel, München

Umschlagfotos: Borstell (Vorderseite oben), Romeis (Vorderseite unten), Redeleit (Rückseite unten)

Layoutkonzept Innenteil:
Studio Schübel, München

Lektorat: Dr. Thomas Hagen
Herstellung: Hermann Maxant

Layout und DTP: Anton Walter und DTP-Design Walter, Gundelfingen
Reproduktionen:
Repro Ludwig, A-Zell am See

Druck und Bindung:
Stalling, Oldenburg

Gedruckt auf chlorfrei gebleichtem Papier

Printed in Germany · ISBN 3-405-16004-9

Blütenpracht für Ihren Garten

Robert Markley
Die BLV Rosen-Enzyklopädie
Das einzigartige Standardwerk, das in Inhalt und Ausstattung neue Maßstäbe setzt: das komplette Know-how rund um die Rose mit einer Fülle von Beispielen für die Gartengestaltung – umfassend und mit vielen Fotos beschrieben.

blv garten plus
Dorothée Waechter/
Fotos: Ursel Borstell u.a.
Romantische Blumengärten
Verwunschene Blumengärten einst und jetzt, Wegbeläge, Farben, Accessoires, romantische Gestaltungen mit Pflanzplänen.

Dorothée Waechter
Garten fix!
Der schnelle Weg zum schönen Garten: clevere Lösungen für alle Gartenbereiche sowie für Terrasse und Balkon; effektvolle Pflanzen im Porträt, Gestaltungstricks, Accessoires, Pflegepraxis: die richtigen Handgriffe Schritt-für-Schritt.

blv garten plus
Ulrike Leyhe
Blütenstauden
Im Porträt: die 90 schönsten Stauden und Gräser für sonnige, halbschattige und schattige Beete; Verwendungsempfehlungen, Anlage eines Staudenbeetes, Kombinationsmöglichkeiten mit anderen Pflanzen, Einkaufstipps, Pflanzung, Pflege, Pflanzenschutz.

Rosa Wolf/Fotos: Ursel Borstell
Gartenpflanzen
Das Gartenpflanzen-Handbuch für die Praxis: rund 450 Blumen, Stauden und Gehölze in ausführlichen Porträts, Kombinationsmöglichkeiten und Gestaltungsbeispiele mit Pflanzplänen für typische Gartenbereiche.

Wolfram Franke
Gartenpraxis Schritt für Schritt
Das Basiswissen für die erfolgreiche Gartenarbeit – Schritt für Schritt leicht nachvollziehbar: Boden bearbeiten, Pflanz- und Pflegearbeiten im Nutz- und Ziergarten, Rasen anlegen und pflegen, Pflanzen vermehren usw.

Im BLV Verlag finden Sie Bücher zu den Themen: Garten und Zimmerpflanzen • Natur • Heimtiere • Jagd und Angeln • Pferde und Reiten • Sport und Fitness • Wandern und Alpinismus • Essen und Trinken

Ausführliche Informationen erhalten Sie bei:

BLV Verlagsgesellschaft mbH • Postfach 40 03 20 • 80703 München
Tel. 089/12705-0 • Fax 089/12705-543 • http://www.blv.de